O INCONSCIENTE E O REAL NA CLÍNICA LACANIANA

O INCONSCIENTE E O REAL NA CLÍNICA LACANIANA

LEONARDO GOLDBERG

70

O INCONSCIENTE E O REAL NA CLÍNICA LACANIANA
© Almedina, 2023
AUTOR: Leonardo Goldberg

DIRETOR DA ALMEDINA BRASIL: Rodrigo Mentz
EDITOR: Marco Pace
EDITOR DE DESENVOLVIMENTO: Rafael Lima
ASSISTENTES EDITORIAIS: Larissa Nogueira e Letícia Gabriella Batista
ESTAGIÁRIA DE PRODUÇÃO: Laura Roberti

REVISÃO: Gabriela Leite e Luciana Boni
DIAGRAMAÇÃO: Almedina
DESIGN DE CAPA: Roberta Bassanetto

ISBN: 9786554270915
Junho, 2023

Dados Internacionais de Catalogação na Publicação (CIP)
(Câmara Brasileira do Livro, SP, Brasil)

Goldberg, Leonardo
O inconsciente e o real na clínica lacaniana /
Leonardo Goldberg. – 1. ed. – São Paulo :
Edições 70, 2023.

Bibliografia.
ISBN 978-65-5427-091-5

1. Lacan, Jacques, 1901-1981 – Crítica e interpretação 2. Lacan, Jacques, 1901-1981 – Psicologia 3. Psicologia clínica – Metodologia 4. Psicanálise I. Título

23-149208   CDD-150.195

Índices para catálogo sistemático:

1. Lacan, Jacques : Técnica psicanalítica :
Psicologia 150.195
Henrique Ribeiro Soares – Bibliotecário – CRB-8/9314

Este livro segue as regras do novo Acordo Ortográfico da Língua Portuguesa (1990).

Todos os direitos reservados. Nenhuma parte deste livro, protegido por copyright, pode ser reproduzida, armazenada ou transmitida de alguma forma ou por algum meio, seja eletrônico ou mecânico, inclusive fotocópia, gravação ou qualquer sistema de armazenagem de informações, sem a permissão expressa e por escrito da editora.

EDITORA: Almedina Brasil
Rua José Maria Lisboa, 860, Conj.131 e 132, Jardim Paulista | 01423-001 São Paulo | Brasil
www.almedina.com.br

PREFÁCIO

A psicanálise é, decididamente, um *campo*[1] assaz curioso e intrigante, que sempre se destaca como excepcional no rol dos saberes e das práxis humanas. Ela exige de seus operadores e, de modo peculiar, daqueles que além de a operarem, elaboram a experiência de sua práxis no plano da escrita, um profundo entendimento de suas peculiaridades metodológicas e discursivas, entre as quais destaca-se o fato, único no universo epistemológico, de que quanto mais se avança no que se poderia chamar de *teoria* (conceitos e suas articulações, lógica interna, axiomática, postulados primários e derivados, processos dedutivos etc.) mais se avança, em proporção direta e não inversa, no real da experiência — como tal habitado pelo que resiste à conceituação, à simbolização, à representação.

O manejo da escrita em um campo que funciona assim nada tem de fácil, pois o caminho é permanentemente ameaçado por dois tipos de perigo — o teoricismo abstrato e vazio e o clinicismo patético, ambos equidistantes do veio espinhoso de um percurso que uma concepção epistêmica trivial consideraria paradoxal, mas cujo paradoxo se revela apenas aparente em face do modo mesmo de funcionar deste campo, tão estranho quanto familiar à intimidade do sujeito falante, o inconsciente.

Pois bem, Leonardo Goldberg traz na construção mesma de sua escrita as marcas daquilo que toma como sua temática — o inconsciente e o real. Em cada momento do percurso da leitura pode-se captar a incidência de um rigor "teórico" crescente e de um rigor igualmente crescente daquilo que, sendo impossível teorizar, depende, entretanto, do que se enuncia e articula nos conceitos, que

---

[1] O motivo do grifo em itálico nesta palavra só ficará esclarecido no final deste Prefácio.

por sua vez não são imunes ao impossível conceituar, e, portanto, não podem ser conceitos "íntegros", claros e distintos, como queria Descartes de suas ideias. Os conceitos psicanalíticos não são exatamente conceitos no sentido tradicional: ou são fundamentais (o que o próprio Freud designou como *Grundbegriffen,* referindo-se especificamente às pulsões, e que Lacan estendeu para outros três — inconsciente, transferência e repetição, todos freudianos), ou são *significantes,* como os *significantes lacanianos,* por exemplo, os termos conceituais a que Lacan se refere quando diz que o psicanalista formado na orientação lacaniana deverá "passar pelos meus significantes". Ele não diz "passar pelos meus conceitos".

O livro tem três partes que não são simples "capítulos" no sentido de uma composição formal, mas três momentos de uma lógica de construção da escrita, que corresponde ao movimento mesmo, real e não formal, da construção do ensino de Lacan: o primeiro é dedicado ao lugar da linguagem neste ensino, porto de partida, por assim dizer, da grande viagem deste navio. O que poderia, no entanto, ser a retomada de um lugar demasiado comum — *o inconsciente é estruturado como uma linguagem* — ganha os matizes do incomum, do que é pouco dito ou não dito de modo algum. Leonardo vai aos fundamentos mais recônditos do tão conhecido lema lacaniano, com o qual ele inicia seu ensino no pós-guerra, que em geral os autores reduzem às não menos importantes referências *saussureanas* fundadoras da linguística moderna e seus conceitos de significante, signo, fala e linguagem, sincronia e diacronia. O autor traz à luz de sua letra algo que, embora dito por Lacan em seu primeiro Seminário, pouca gente ouve: os antecedentes agostinianos do lema, desenvolvidos um século antes do início histórico da Idade Média — *De Magistro* (*Do mestre*), diálogo de Santo Agostinho com seu filho Adeodato, de apenas 16 anos, datado do ano de 389, sobre a linguagem e a verdade interior —, onde se encontram valiosas raízes da estrutura linguageira do inconsciente freudiano, na leitura lacaniana.

Nosso autor, contudo, não se detém em Santo Agostinho, indo até a Antiguidade grega, aos estoicos — mencionados por Lacan em diferentes momentos de seu ensino como antecedentes mais remotos de sua concepção de significante. As noções de corpos e incorpóreos, acontecimentos de superfície como efeitos dos corpos e o valor, mais verbal que substantivo, das palavras são decisivos para

PREFÁCIO

uma apreensão psicanalítica dos efeitos de linguagem no sujeito, e, mais ainda, na apreensão psicanalítica do próprio sujeito.

Mas Lacan não é nem linguista nem filósofo, e seu *métier* é o sujeito, o desejo, o inconsciente e todas as suas implicações. E a tomada dessa dimensão propriamente psicanalítica do percurso do ensino de Lacan é o que constitui o essencial desta primeira parte do livro. Na metáfora do osso e da carne, se o esqueleto é a estrutura significante do inconsciente, como tal desprovida de significação, será que podemos considerar que a carne consistiria nos elementos constitutivos do sujeito — desejo, sintoma, fantasia, gozo e, para articulá-los, significantes especiais como falo, nome do pai e significante do Outro como faltoso — S(A barrado)? Todo cuidado é pouco nesta correlação. Ali onde se esperaria algo mais consistente, a carne articulada pelo esqueleto ósseo, toda consistência que encontramos esbarra nos limites do real, inapreensível e inconsistente, fazendo da estrutura óssea tudo que há de material, *motérial* — matéria de palavra. Entretanto, o próprio material significante será por sua vez atingido *mortalmente* pelo furo do real e não se manterá incólume, intacto, como se o osso fosse o osso qualquer que fosse o estatuto da "carne", invólucro imaginário e consistente de um oco interior, causa, objeto *a*, de "consistência unicamente lógica". Essa situação exemplifica bem o que comecei por dizer: as condições *sui generis* da psicanálise, tão rigorosamente consideradas neste livro. Para fazer face a esta dimensão da "carne-cerne" do sujeito psicanalítico que a estrutura significante inicialmente considerada pelo autor articula, ele apresenta os grafos, matemas e esquemas de Lacan com o mesmo rigor reinventante com que nos apresenta conceitos que se tornaram moeda corrente (muitas vezes de modo banalizado), como o nome do pai, por exemplo.

A segunda parte é dedicada às elaborações mais avançadas de Lacan — a topologia dos nós, o *sinthoma*, a solução joyceana — que, como sabemos, reorientou a clínica psicanalítica das psicoses de modo decisivo, tornando-a muito mais consequente. E, como sempre acontece quando a psicose está implicada nas guinadas discursivas (e aqui celebramos a matriz inaugural freudiana, os efeitos da análise do caso Schreber na introdução do narcisismo na psicanálise), é ela própria, a psicose, que "intervém", produzindo uma reviravolta na própria práxis psicanalítica em seu conjunto, e que se aplica assim a todos os tipos e estruturas clínicas, convocando do apropriadamente chamado analis*ante* (sufixo ativo) o ato, o afazer, o invento que poderá fazê-lo mudar radicalmente a sua posição subjetiva, sempre demasiado, ainda que em graus variáveis, sofrida. Esta segunda parte se conclui com a questão do final de análise, o que mais uma vez atesta a atenção do autor à homologia estrutural entre um ensino orientado pelo discurso analítico, como o de Lacan, e a própria experiência da análise. Essa conclusão faz conexão lógica com a terceira parte do livro, que trata da formação do psicanalista.

E chegamos ao terceiro momento. Feito este percurso — e numa temporalidade também não trivial, na qual não caberia dizer "depois deste percurso", posto que o ponto ao qual ele chega já estava inscrito antes do início da aventura da escrita, até mesmo como sua mola propulsora —, Leonardo Goldberg trata das questões da formação do psicanalista nas condições a que Lacan foi levado por sua própria experiência a formular sob a designação de *escola*, escrevamo-la com inicial minúscula que lhe retira a inconveniente reverência.

Uma das consequências da descoberta freudiana é que não existe nenhuma heterogeneidade discursiva entre o estudo da psicanálise e a formação do psicanalista. Quem tem com a psicanálise uma relação meramente acadêmica nada apreenderá dela: a formação do psicanalista terá que portar as marcas do discurso psicanalítico, cuja incidência real rompe com diversas fronteiras artificiais. Por sua vez, o discurso psicanalítico, em seu nível de doutrina, articula a formação do psicanalista de ponta a ponta. Lacan formulou a dualidade crucial em termos de intensão/extensão, que substitui o famoso tripé freudiano análise pessoal/supervisão/estudo teórico, constituído por três termos heteróclitos e contíguos, sem nenhuma articulação interna entre eles.

Excomungado da Associação Psicanalítica Internacional, fundada por Freud, Lacan está numa posição tão difícil quanto fecunda em suas possibilidades e consequências para fundar um novo modo de enlace entre psicanalistas, que ele chamou de *escola,* radicalmente distinta de uma sociedade profissionalista ou pretensamente científica de psicanalistas. Leonardo vai, de novo, como fez com pontos anteriores, às raízes da Escola de Lacan e de um outro termo — campo — sobre o qual pouco se trabalha. Há a Escola de Lacan e há o Campo Freudiano, e depois o Campo Lacaniano. Mas o que importa aqui é destacar o modo como o autor trabalha a própria noção de campo, recorrendo a Kurt Lewin, o psicólogo alemão autor da *Teoria de campo,* da qual o próprio Lacan extraiu as bases para o uso que faz do conceito.

Essa referência a Kurt Lewin evoca inelutavelmente neste que lhes escreve o presente Prefácio uma recordação biográfica e intelectual ao mesmo tempo. Trata-se de Luiz Alfredo Garcia-Roza, o grande pensador, filósofo e psicólogo, professor e autor brasileiro que, antes de dedicar-se à Psicanálise como campo de estudo e ensino, iniciou sua brilhante carreira intelectual e bibliográfica com um importante estudo sobre Kurt Lewin, um livro único no Brasil sobre sua Teoria de Campo[2], tema em fina conexão com a referência de Goldberg ao conceito de campo. Como alguém que o conhecia desde muito jovem, eu acompanhei esse trajeto e não posso, portanto, deixar de prestar-lhe aqui a devida homenagem por esta obra pioneira, rigorosa como tudo que ele fez e fundamental na formação intelectual dos psicólogos que, como eu, tiveram o privilégio de serem seus alunos nos anos de 1970 e 1980.

Voltando ao nosso autor, o deste livro, para concluir e conclamar os leitores interessados em psicanálise rigorosa que o leiam, Leonardo não apenas recorre à teoria de campo de Lewin como dela extrai os efeitos que esta categoria, tal como Lacan a relê e emprega, tem na própria concepção de Escola de Psicanálise, no sentido de fazer corte com os inelutáveis efeitos de grupo, de "cola", que a escola carreia. Se *"coletivo é coletivo de significantes e não de pessoas"*, como assevera nosso advertido autor, o *campo* será o contraponto conjugado e necessário à *escola*, para que, nela, a *cola* não vicejе, não *cole* em nome de um *cole*tivo reduzido à intersubjetividade imaginária, no lugar da qual Lacan introduz a fórmula *Um + a*, que, por conter o *objeto*, faz objeção ao laço entre sujeitos, já que este, tal como a relação sexual, não existe.

Luciano Elia
Rio de Janeiro, janeiro de 2023

---

[2] GARCIA-ROZA, L. A. — *Psicologia estrutural em Kurt Lewin*, Petrópolis, Editora Vozes, 1974.

SUMÁRIO

PREFÁCIO 7

1. O INCONSCIENTE É ESTRUTURADO COMO
   UMA LINGUAGEM 15
   1.1. Palavra e imagem 20
   1.2. "*Verbum* é a palavra enquanto bate no ouvido": a entrada
        na ordem simbólica 24
   1.3. A leitura de Saussure e a apropriação do conceito
        de significante 28
   1.4. Um significante é o que representa um sujeito para
        outro significante 32
   1.5 O sujeito e o Outro 43
   1.6. O significante e o Nome-do-Pai 59
   1.7. Os Nomes-do-Pai 71
   1.8. Pai-versão, perversão, versão do Pai 85

2. JOYCE, O SINTHOMA 93
   2.1. Escabelo 111
   2.2. Final de análise 113

3. O PSICANALISTA E A ESCOLA 125
   3.1. Campo freudiano 126
   3.2. Do grupo ao cartel 131
   3.3. O apelo da massa ao coletivo 134
   3.4. O laço através de S(Ⱥ) e a aposta na transmissão . . 138

REFERÊNCIAS BIBLIOGRÁFICAS . . . .

1. O INCONSCIENTE É ESTRUTURADO COMO UMA LINGUAGEM

Um dos mais famosos aforismos lacanianos supõe que o inconsciente, tal como Freud o pensou, segue a mesma estrutura de uma *linguagem*. O inconsciente é estruturado como uma linguagem: Lacan, com essa máxima, apontava que o modelo freudiano de inconsciente se estruturava a partir de um conjunto de regras e que as palavras não apareciam ou faltavam de forma aleatória, mas a partir de uma lógica própria, assim como uma linguagem. Lógica esta que dependia mais de homofonias do que de diacronias e, portanto, mais de um *falasser*[3] (*parlêtre*) do que de uma *história da língua*, como veremos mais adiante.

Lacan, no início do seu ensino, propôs um retorno sistemático a Freud, pressupondo que outros psicanalistas — de sua geração e da geração anterior — leram Freud e o interpretaram muito mal. Um dos pontos que teria ficado bastante pormenorizado no conjunto da obra freudiana seria justamente o estatuto dado para a *palavra* no interior de sua prática e na formalização de sua ciência.

O desenvolvimento do interesse de Lacan sobre a articulação freudiana em torno da dimensão da linguagem foi aguçado pela leitura que ele fizera do *Curso de Linguística Geral*, ministrado por aquele que seria considerado o pai da linguística moderna enquanto ciência, o suíço Ferdinand de Saussure. Além de Saussure, Lacan encontrou fundamentos para suas reflexões sobre a linguística em diversos outros pensadores que poderíamos nomear como linguis-

---

[3] *Parlêtre*, condensação proposta por Lacan que reúne o ser e a fala e poderia ser traduzido como *falasser* ou ser falante.

tas[4], incluindo Santo Agostinho, teólogo e filósofo nascido em 354 e um Doutor da Igreja (*Doctor Gratiae*).

Porém, antes de nos aprofundarmos sobre como a leitura de cada um deles influenciou a noção lacaniana de linguagem, podemos sublinhar já em Freud a importância dada à linguagem em sua hipótese sobre o inconsciente. Alguns textos de Freud, como *A interpretação dos sonhos*[5] e *Sobre a psicopatologia da vida cotidiana*[6], são fundamentais para pensarmos no lugar ocupado pela linguagem na fundamentação da psicanálise e, sobretudo, em sua ideia de *inconsciente*. Lacan vai dizer em uma conferência na Universidade de Yale[7] que, somando estes textos a um terceiro, "O chiste e suas relações com o inconsciente", encontraremos a razão pela qual ele afirmou que o *"inconsciente é estruturado como uma linguagem"*.

Isso porque fica bastante evidente nesses textos que o que importa para a *interpretação* se dá a partir da narração do sonho ou do esquecimento e que o material com o qual o psicanalista trabalha é o *material verbal/linguístico,* incluindo a falha, o equívoco ou o efeito de riso, chistoso, todos provenientes de como esse material é endereçado ao analista.

Nessa conferência, Lacan ainda faz uma reserva em relação ao inconsciente estruturado como uma linguagem *"[...] o que cria a estrutura é a maneira como a linguagem emerge de entrada no ser humano"*[8]. Então, a noção de *ser* para a psicanálise lacaniana é justamente a noção de um ser atravessado pela linguagem e enquanto efeito desta, que resulta em um *falasser*. Efeito que concerne à estrutura para a singularidade de cada *falasser* que faz uso desta.

---

[4] Cf. LACAN, Jacques. *O Seminário, livro 1*: os escritos técnicos de Freud, 1953-1954. Texto estabelecido por Jacques-Alain Miller. Rio de Janeiro: Zahar, 2009, p. 322.
[5] FREUD, Sigmund. *A interpretação dos sonhos (1900)*. Tradução de Paulo César de Souza. São Paulo: Companhia das Letras, 2019.
[6] FREUD, Sigmund. *Sobre a psicopatologia da vida cotidiana (1904)*. Tradução de Renato Zwick. Porto Alegre: L&PM, 2019.
[7] DENEZ, Frederico; VOLACO, Gustavo Capobianco (Orgs.) *Lacan in North Armorica* [recurso eletrônico] (1976). Porto Alegre: Editora Fi, 2016.
[8] Ibid., p. 22.

Encontramos no texto de Freud *Sobre a psicopatologia da vida cotidiana*[9] o caso Signorelli, extensamente trabalhado por Lacan, que nos dá um exemplo prático de como a linguagem se estrutura de maneira lógica e que inclui mais efeitos sincrônicos (a homofonia, por exemplo) do que a história de uma língua. Se ficássemos apenas na história da *significação* de cada palavra no conjunto interno de determinada língua, pouco entenderíamos sobre o *esquecimento* que acomete Freud em uma viagem relatada em tal texto.

O que Freud propõe a partir da narração do fato é entender a lógica interna que produz o esquecimento de uma palavra. Para isso, ele se detém nas palavras que lhe saltam à cabeça logo após o esquecimento e suas analogias com a palavra esquecida, a partir das disposições das letras, fonemas, sílabas, pedaços de palavras, semantemas e possíveis anagramas. Soma-se a isso um fato que aconteceu antes da viagem e sua relação com o tema dos afrescos da pintura cujo nome do autor ele havia esquecido.

No texto, Freud escolhe um acontecimento de alguns anos antes de sua escrita[10] para analisar e relacionar o esquecimento de nomes próprios enquanto uma das possíveis manifestações do inconsciente. Freud viajava de Ragusa (atual Dubrovnik, Croácia) para uma estação na Herzegovina. Durante o percurso, ele perguntou ao seu companheiro de viagem se este já estivera em Orvieto e se conhecia os afrescos de **(neste momento, esquece o nome)**. Dois nomes então aparecem em sua cabeça de forma substitutiva: *Botticelli* e *Boltraffio*.

Sua análise elenca, então, o acontecimento anterior que precedeu o esquecimento: Freud conversava com seu interlocutor sobre o costume dos turcos que viviam na *Bósnia* e na *Herzegovina*. Freud comentou ao seu companheiro de viagem que um colega médico havia contado que esses turcos eram bastante confiantes e resignados quanto ao destino. Quando se deparavam com um prognóstico de morte, respondiam ao médico: "Senhor, o que dizer? Sei que se pudesse ser salvo, o senhor salvaria!". Freud se lembra — e isso é importante — que ele queria ter contado uma segunda anedota para

---

[9] FREUD, op. cit.
[10] O texto é de 1901, publicado em livro em 1904, e o acontecimento ocorreu em 1898.

seu interlocutor, mas preferiu reprimir essa comunicação, pois seu companheiro de viagem era um desconhecido.

O que ele deixou de contar era que esses turcos, quando diagnosticados com *distúrbios sexuais*, não se resignavam da mesma forma como quando estavam em perigo de morte. Nesse caso, eles respondiam para o médico: "O *senhor* sabe como é, se isso não funciona mais, a vida não tem valor". Esse *isso*, é claro, é uma referência à potência sexual representada pelo membro.

Freud então se recordou de que havia uma cadeia de pensamentos: ele preferiu desviar de tal anedota porque ela se referia à morte e à sexualidade e que, algumas semanas antes, ele havia recebido uma notícia enquanto estava na cidade de *Trafoi*. A notícia era de que um paciente havia se suicidado por padecer de um distúrbio sexual incurável. A mesma razão pela qual os turcos, da anedota que ele preferiu não contar, não se resignavam diante do diagnóstico médico.

A partir dessa sequência, Freud supôs que o esquecimento do nome **Signorelli** não foi uma obra do acaso, mas um efeito de seu desejo de *esquecer* algo. Por ligação associativa, Freud esqueceu Signorelli, a palavra que queria lembrar, enquanto queria esquecer o suicídio de seu paciente de maneira intencional.

Mas como é impossível esquecer e recalcar de maneira intencional algo tão importante, as duas palavras que apareceram, de também pintores, *Boltraffio* e *Botticelli*, davam notícias de que algo não havia sido completamente esquecido e tampouco tinha desaparecido por completo.

Freud estabeleceu um esquema com cada uma das palavras para mostrar como as sílabas se *deslocam* e seu sentido é encontrado na própria ligação associativa entre as *palavras* e o *acontecimento esquecido*. Podemos estabelecer tal esquema a partir de um esboço:

Signorelli → dividimos em duas partes, **Signor** (tradução de **Herr,** senhor, no alemão) e **elli**.

O **Signor** aparece na frase dita ao seu interlocutor sobre o costume dos turcos: "**Senhor**, o que dizer? Sei que se ele pudesse ser salvo, o senhor o salvaria!" E na segunda etapa, a partir da frase que Freud preferiu não contar: "O ***senhor*** sabe como é, se isso não funciona mais, a vida não tem valor".

O INCONSCIENTE É ESTRUTURADO COMO UMA LINGUAGEM

O **Signor** que se liga com o tema recalcado, a *morte* e a *sexualidade*, e com o acontecimento do suicídio de seu paciente, não aparece nas duas palavras que apareceram para Freud, **Botticelli** e **Boltraffio**.

Mas um par de sílabas aparece de modo inalterado na palavra Bottic**elli**, o ***elli*** de Signor***elli***. Além disso, Freud contava sobre o costume dos turcos que habitavam a **Herzegovina e Bósnia**, e a partícula **Bo**, de **Bó**snia, se desloca para **Bo**tticelli e **Bo**ltraffio. Sem conservar nem o sentido, nem a acústica, as letras se deslocam para as palavras que invadem sua consciência.

E por fim, em Bol**traffio**, há um anagrama quase direto de **Trafoi**, a cidade onde Freud recebeu a notícia de que seu paciente, por padecer de um distúrbio sexual incurável, havia se matado.

O esquecimento enquanto produto de um inconsciente estruturado como uma linguagem se revela de forma bastante didática nesse exemplo de Freud. A narração de tal acontecimento o leva a estabelecer uma relação causal entre esse *lapso* e o elemento recalcado. Freud o faz por meio de uma linguagem que não é interpretada pelos seus elementos semânticos, por significações que encontrariam suporte na história da língua ou na etimologia de cada uma das palavras. Pelo contrário, é a partir de cadeias associativas que fazem série entre si que Freud pode aferir uma causa para seu esquecimento.

Em sua obra *A interpretação dos sonhos*, Freud discorre sobre o *texto* dos sonhos,

> interpretando sonhos, também demos importância a cada nuance da linguagem em que o sonho foi apresentado. E quando nos era apresentado um texto absurdo ou insuficiente — como se tivesse fracassado o esforço de traduzir o sonho para a versão correta — respeitamos também essas falhas na expressão[11].

Mais do que levar em consideração elementos que incluíam um *texto absurdo* ou *sem sentido*, deveríamos pensar em uma leitura

---

[11] FREUD, Sigmund. *A interpretação dos sonhos (1900)*. Tradução de Paulo César de Souza. São Paulo: Companhia das Letras, 2019, p. 563.

e interpretação de tal texto a partir de séries em cadeia que desvelariam o sentido do sonho em uma relação entre os sonhos que o precederam e o procederam[12]. Essa ideia reconsidera completamente os elementos linguísticos contidos no sonho, pois esses passam a ser definidos a partir de uma linguagem que incluiria o sujeito, e não enquanto terreno compartilhado de significação entre o sujeito e o analista. Isso também esvazia o sentido comum do conceito de *comunicação* enquanto veículo de informações compartilhadas. É nesse ponto que o inconsciente estruturado como uma linguagem interessa tanto a Lacan.

1.1. Palavra e imagem

A reflexão sobre a questão da significação e da linguagem do conteúdo inconsciente aparece em diversos pontos na obra freudiana. Quando Freud divide duas categorias para pensarmos na interpretação dos sonhos, *pensamentos oníricos/conteúdo latente* e *conteúdo onírico/manifesto*, ele diz que há duas *linguagens* em jogo nessa relação e que devemos conhecer seus *signos* e *regras sintáticas* pela *comparação* entre elas[13].

Desdobremos um pouco essa ideia: se até Freud e a invenção da psicanálise o sonho era interpretado sempre em relação ao seu *conteúdo manifesto* (ou conteúdo onírico/do sonho) e suas significações, a partir da invenção da psicanálise e da *narração* do sonho endereçada ao analista, e, portanto, do *procedimento* psicanalítico, assumimos que haja entre o *conteúdo do sonho* e sua *interpretação* um momento no qual o conteúdo manifesto do sonho encontra uma forma de ser *narrado*. Se ater a isso destaca bastante o *dizer* e é o que funda a psicanálise.

Lacan vai dizer que essa é a gênese da ideia de material verbal, o sonho relatado: "[...] é precisamente sobre o material da narrativa mesma — a maneira em que o sonho é relatado — que Freud traba-

---

[12] Cf. Ibid., p. 575.
[13] Ibid., p. 318.

lha. E, se ele faz uma interpretação, é da repetição, da frequência, o peso de certas palavras"[14]. Pensar no material verbal é justamente acentuar a dimensão e a preponderância da *palavra* para a estrutura do inconsciente.

O próprio Freud faz uma advertência bastante direta sobre interpretar sonhos pensando-os como desenhos/imagens. O conteúdo do sonho "é fornecido numa espécie de pictografia [...] nós nos enganaríamos se lêssemos esses signos segundo seu valor como imagem e não conforme sua relação semiótica"[15]. Eis nesse momento a questão da relação entre a palavra/conceito e a imagem: a grafia pictórica é justamente a *escrita pictórica* que só poderia ser lida por uma *série*, por uma relação entre os signos e, portanto, entre representações que *encadeiam* as imagens. Mais do que isso, Freud pensa o sonho como um *rébus*, o enigma pictórico. E o erro dos antecessores da psicanálise, no estudo dos sonhos, teria sido, para Freud[16], justamente interpretar o rébus enquanto um desenho, uma figura.

O conceito de rébus é bem interessante e não se resume a um simples enigma composto por pedaços de palavras e imagens, ainda que possamos pensá-lo dessa forma para pegar um atalho no desenvolvimento freudiano sobre os sonhos. Mas nos interessa entender a noção de rébus justamente pela discussão que Lacan faz — a partir da obra de Saussure — sobre a relação entre o *conceito* e a *imagem acústica*.

Então, desdobremos algo sobre o rébus: quando, mais ou menos no ano 3100 a.C., os sumérios encontraram dificuldades pelo excesso de ambiguidades em sua escrita, composta por muitos homônimos, palavras dotadas do mesmo som e de sentidos diferentes (como *sem* e *cem* em português), decidiram incorporar à sua escrita logográfica[17] o princípio rébus. Um exemplo dado pelo linguista Steven Fis-

---

[14] DENEZ, Frederico; VOLACO, Gustavo Capobianco (Orgs.) Lacan in North Armorica [recurso eletrônico] (1976). Porto Alegre: Editora Fi, 2016.
[15] FREUD, Sigmund. *A interpretação dos sonhos (1900)*. Tradução de Paulo César de Souza. São Paulo: Companhia das Letras, 2019, p. 318.
[16] Ibid., p. 318.
[17] Através de um símbolo escrito que representa uma palavra.

cher é bem didático: "em inglês a palavra *betray* seria representada por uma abelha *'bee'* e uma bandeja *'tray'*"[18].

Vejamos na prática: 🐝 🍽. Esse rébus iria querer dizer justamente **trair** (*betray*), e não abelha-bandeja. Esse seria o desafio da interpretação dos sonhos, sobretudo se se ignorasse a dimensão de texto que comporta a *relação* entre as imagens/signos que aparecem nos sonhos, relação que desde aquele momento era chamada de semiótica. Se buscássemos uma significação, encontraríamos abelha e bandeja e poderíamos inferir algo como uma abelha na bandeja, o que, por metáfora, poderia significar que a bandeja estivesse suja ou até que a comida estivesse estragada. Mas o elemento fundamental que entra em jogo nesse rébus é justamente que só podemos entendê-lo a partir de seus fonemas: o som produzido pelo falante que diz *bee* (abelha) em conjunto com *tray* (bandeja), resulta, por homofonia, em outro significado, *betray*, que significa trair e que só pode ser compreendido a partir da pronúncia, do elemento sonoro.

Sintetizando essa ideia que fundamenta a noção do inconsciente estruturado como uma linguagem, Lacan relembra que em Freud, um sonho é uma charada "se a descoberta de Freud tem um sentido é este — a verdade pega o erro pelo cangote, na equivocação"[19]. Assim, **equi** (*aequus*, igual) + **vocação** (*vocare*, chamar), o inconsciente se estrutura como uma linguagem, repleta de palavras iguais que representam, sobretudo ao serem faladas — vocalizadas — significados distintos. Diante dessa polissemia estrutural, só é possível pensá-las a partir de entrecruzamentos que, por sua vez, veiculam, através do alfabeto, o *desejo inconsciente*, impossível de se exprimir diretamente e de forma completa.

Freud dá um exemplo, a partir de tal noção, de um *procedimento psicanalítico*: "a consideração adequada do rébus só acontece quando não faço objeções ao conjunto e aos seus detalhes, mas procuro substituir cada imagem por uma sílaba ou uma palavra repre-

---

[18] FISCHER, Steven Roger. *Uma breve história da linguagem*. Tradução Flávia Coimbra. Osasco: Novo Século Editora, 2009, p. 115.
[19] LACAN, Jacques. *O Seminário, livro 1*: os escritos técnicos de Freud, 1953-1954. Texto estabelecido por Jacques-Alain Miller. Rio de Janeiro: Zahar, 2009, p. 345.

sentada de alguma forma pela imagem"[20]. Dessa forma, Freud trata o sonho, ainda que repleto de imagens, como um **escrito**. Lacan reitera o argumento,

> Como as figuras não naturais do barco sobre o telhado ou do homem de cabeça de vírgula, expressamente evocadas por Freud, as imagens do sonho só devem ser retidas por seu valor de significante, isto é, pelo que permitem soletrar do "provérbio" proposto pelo rébus do sonho[21].

É tal discussão — que desliza do retorno radical a Freud para o diálogo de Lacan com a filosofia e a linguística moderna — que iremos evocar para pensar nessa estrutura de linguagem do inconsciente. A questão que se coloca para Lacan, desde o início, é que a entrada no mundo simbolizado e, portanto, no mundo repleto de *equívocos*, é sem volta e fator causante do inconsciente. Mas a palavra com a qual Lacan trabalha é admitida em sua *materialidade*, em seu estatuto de matéria. É na tentativa de pensar conceitualmente sobre esse estatuto que Lacan vai encontrar na linguística de Saussure o conceito de *significante*.

Porém, antes de cooptar o conceito de significante de Saussure, Lacan o encontra em uma obra de Santo Agostinho chamada *De Magistro*, sob o nome de *verbum*. Longe de uma preocupação exegética sobre a história dos conceitos em Lacan, iremos evocar a discussão sobre Agostinho unicamente para tentar compreender a razão pela qual foi necessária essa incorporação do significante ao campo psicanalítico. É sobre a palavra *verbum* — enquanto suporte do desejo inconsciente que se atualizava na *transferência* — que Lacan trabalhava em seu seminário quando o conceito de significante foi incorporado e relido em seu ensino.

---

[20] FREUD, Sigmund. *A interpretação dos sonhos (1900)*. Tradução de Paulo César de Souza. São Paulo: Companhia das Letras, 2019, p. 319.
[21] LACAN, Jacques. "A instância da letra no inconsciente ou a razão desde Freud". In: _____. *Escritos*. Tradução de Vera Ribeiro. Jorge Zahar Editor: Rio de Janeiro, 1998, p. 514.

1.2. "*Verbum* é a palavra enquanto bate no ouvido"[22]: a entrada na ordem simbólica

O ensino de Lacan, através de seus seminários, contava com um componente bastante enriquecedor para a elaboração dos conceitos psicanalíticos em seu retorno à teoria freudiana, e esse componente era exatamente a heterogeneidade daqueles que participavam dos encontros, pois não se tratava apenas de psicanalistas. Linguistas, filósofos, religiosos e até artistas compunham o público diverso que assistia sua transmissão da psicanálise.

Em seu Seminário 1, ao aludir sobre a transferência justamente enquanto o momento no qual o *material inconsciente*, tanto na forma hieroglífica (*hiero,* sagrado, *glifico,* traçado), quanto pictográfica ou fonemática (as combinações entre os sons e significados) é endereçado ao analista, um participante de seu seminário apresentou uma contribuição de leitura sobre a questão da significação a partir de Santo Agostinho. Esse participante era Louis Beirnaert, um padre jesuíta que foi professor de filosofia em Reims e de teologia dogmática em Engien. Iniciou sua análise com Daniel Lagache e participava dos seminários de Lacan. Chegou a se tornar membro da Sociedade Francesa de Psicanálise e da Escola Freudiana de Paris.

Bem, na semana do dia 23 de junho de 1954, a partir do seminário proferido na semana anterior (em 16 de junho de 1954) sobre o conceito de transferência precisamente enquanto o momento no qual o material inconsciente é endereçado ao analista, Beirnaert questionou Lacan se alguns de seus comentários sobre a significação já não estariam em uma obra chamada *De Magistro*, de Agostinho. Lacan então, com entusiasmo, comentou que muitas ideias dos chamados "linguistas" já estavam contidas em Agostinho, e pediu que o padre comentasse o texto retro referido.

Na abertura do seminário, Lacan reuniu algumas considerações sobre os conceitos de palavra e de coisa como preocupações da linguística através de algumas proposições:

---

[22] LACAN, Jacques. *O Seminário, livro 1:* os escritos técnicos de Freud, 1953-1954. Texto estabelecido por Jacques-Alain Miller. Rio de Janeiro: Zahar, 2009, p. 333.

a) "para tudo que é propriamente da linguagem, enquanto ela é humana, quer dizer utilizável na palavra, não há nunca univocidade do símbolo"[23];
b) "todo semantema tem sempre muitos sentidos"[24];
c) "todo semantema reenvia ao conjunto do sistema semântico"[25].

Esses três enunciados, por si só, já desmontam toda noção de linguagem enquanto horizonte de equivalência entre a palavra e a coisa ou então enquanto resultado puro do desenvolvimento de um código a partir de sua etimologia e continuidade histórica. Mas, muito além disso, tal noção linguística reaviva o tema que Freud tanto elabora através de casos como o de Signorelli e, portanto, para a escuta psicanalítica como um fator determinante em relação ao discurso.

Estendamos tais proposições: o semantema é a raiz da significação da palavra. É o elemento mínimo que contém a carga semântica da palavra. Encontramos diversas séries que traduzem o conceito de uma forma bastante regular: "tratar, retratar, destratar" ou a partir de *reg*: "*re*i, *reg*ente, *rég*ia, *reg*er".

Mas, por exemplo, quando organizamos a série que se abre a partir do lapso, do esquecimento de Freud da palavra Signorelli, estabelecer qualquer análise a partir da etimologia, de uma dimensão de inércia ou do desenvolvimento histórico conceitual e suas cadeias de sentido e de declinações se trataria de uma perda de tempo total.

Das palavras que comportam uma significação a partir de um desejo do sujeito que as esquece, só podemos isolar os semantemas a partir de um conjunto: "**Bo**tticelli, **Bó**snia, **Bo**ltraffio". Aquele que escuta, se não conhece o desejo de reconhecimento de um conteúdo recalcado (que os turcos da Bósnia preferem perder a vida do que perder a capacidade sexual, assim como o paciente de Freud que decidiu dar fim a própria vida e cujo acontecimento foi informado em Trafoi), jamais iria conseguir isolar o semantema, sempre polissêmico, da série de palavras que se abriu a partir do esquecimento de Freud e sua narrativa.

---

[23] Ibid., p. 321.
[24] Ibid., p. 321.
[25] Ibid., p. 321.

Voltando à exposição de Beirnaert, o padre situa o texto de Agostinho, *De Magistro* (Do mestre): há dois interlocutores, Agostinho e seu filho, Adeodato. Em tal diálogo, Agostinho trabalha temas fundamentais para pensarmos a linguagem, signos e a palavra falada.

Uma das principais questões que emerge no início do diálogo é se acaso todas as palavras constituiriam signos. Pergunta essa que é solucionada rapidamente por Agostinho a partir da passagem da Eneida, de Virgílio, *"Si nihil ex tanta superis placet urbe relinqui?"* (... se nada agrada tanto aos deuses desta cidade?). O que não existe, o "nada" (*nihil*) significaria o quê?

> que o não existente não possa de nenhum modo ser algo, e não seria signo aquilo que algo não significasse, no que resulta a segunda palavra do verso não ser signo, posto nada signifique. Assim, erramos ao concordar que todas as palavras seriam signos ou que todo signo algo significasse[26].

Lacan diz que essa passagem revela precisamente a impossibilidade de pensarmos a linguagem tomando elemento por elemento e tentando traduzir cada *palavra* enquanto signo da *coisa*. Os brasileiros sabem bem disso, afinal, "no meio do caminho tinha uma pedra"[27] e se lermos pedra como "pedregulho", perdemos qualquer "caminho" da interpretação.

Além do mais, elencar uma passagem na qual a palavra "nada" não pode ser signo de "algo" é bastante significativo, justamente porque é na dimensão do inconsciente que o jogo entre ausência e presença, a partir da entrada no simbólico, é bastante evidente. Não há como que o "nada" inscrito em uma cadeia, em uma ordem simbólica, não insista em fazer-se algo que jamais se completa. Aliás, quando o neto de Freud se depara com as saídas de Sophie Freud, com a ausência de sua mãe, e passa a brincar com um carretel, evocando o *fort-da (sumiu/achou)*, era exatamente sobre o impasse da inscrição da ausência que o joguinho se estruturava.

---

[26] AGOSTINHO. *De Magistro* [recurso eletrônico]. Tradução, organização, introdução e notas Antonio A. Minghetti. Porto Alegre, RS: Editora Fi, 2015, p. 39.
[27] Referência ao poema "No meio do caminho", de Carlos Drummond de Andrade.

Mas a questão sobre a relação entre a palavra e a coisa, entre o signo e o objeto, não termina com essa consideração. Agostinho então observa que há como *explicar palavras através de palavras* e que talvez fosse possível inclusive mostrar *coisas* de forma apartada dos signos, por exemplo, através de um *gesto* indicando uma parede. Assim, por meio de gestos, haveria como mostrar elementos físicos sem precisar palavreá-los. Mas tal possibilidade não dura muito tempo no diálogo, pois o gesto é uma indicação que pressupõe uma relação entre os signos, e Adeodato responde: "Nem mesmo isto, conforme propusemos em nosso raciocínio seria possível sem signo mostrar. O ato intencionado do dedo não seria a parede, mas um signo dado pelo qual a parede se veria"[28].

Bom, se é impossível estabelecer uma relação de reciprocidade entre a palavra e a coisa, e tampouco é possível a demonstração da coisa de forma apartada da palavra[29], a interpretação deveria então ser sempre tomada no nível do discurso. E, mais ainda, incluindo na linguagem uma dimensão do reconhecimento da palavra falada que inclua em sua estrutura o *Outro*.

Agostinho, em *De Magistro,* volta a pesquisar a demonstração das coisas sem a necessidade das palavras e deriva para certo psicologismo, provável consequência de sua premissa teológica. Mas é surpreendente como ele já pensava a linguagem em seu caráter de equivocação e ambiguidade, de forma praticamente estrutural.

Tais releitura e discussão influenciam a apropriação que Lacan faz do conceito de significante, de Ferdinand de Saussure. Lacan vai dizer que Agostinho "num outro lugar, estabelece uma etimologia fantástica de *verbum* e *nomen* — *verbum* é a palavra enquanto bate

---

[28] AGOSTINHO. *De Magistro* [recurso eletrônico]. Tradução, organização, introdução e notas Antonio A. Minghetti. Porto Alegre, RS: Editora Fi, 2015, p. 48.

[29] Como muitos analistas da época faziam e fazem até hoje: seja através da interpretação de gestos como se estes não fizessem parte da ordem simbólica, inferências através da imagem ou por influência de uma tradição das ciências da comunicação que insistem em uma dimensão interpretativa sobre o que denominam "não verbal". O próprio Lacan comenta em diversos momentos de seu ensino sobre tal questão: "E os gestos do sujeito?", e Lacan responde, "um gesto humano está do lado da linguagem e não da manifestação motora. É evidente" (LACAN, Jacques. *O Seminário, livro 1*: os escritos técnicos de Freud, 1953-1954. Texto estabelecido por Jacques-Alain Miller. Rio de Janeiro: Zahar, 2009, p. 331).

no ouvido, o que corresponde à nossa noção de materialidade verbal, e *nomen* a palavra enquanto faz conhecer"[30]. O que Agostinho efetivamente diz é que a palavra *verbum* "assinala a percussão nos ouvidos"[31].

De fato, a ideia de "percussão nos ouvidos" produzida pela palavra falada antecipa a noção que apareceria quase 16 séculos depois, por meio de Saussure, de imagem acústica. O significante, para Saussure, se trata da imagem acústica, que, para o linguista, "não é o som material, coisa puramente física, mas a impressão (*empreinte*) psíquica desse som"[32].

1.3. A leitura de Saussure e a apropriação do conceito de significante

Lacan irá se apropriar de maneira crítica do conceito de significante em Saussure. Para entendermos como se dá essa diferença, é importante pensarmos na ideia de significante para o linguista.

No ensino de Saussure sobre a natureza do signo linguístico, o autor discorre sobre a impossibilidade de pensarmos em uma relação unívoca entre uma ideia e uma palavra, como se *ideias fechadas* correspondessem e preexistissem às *palavras*.

Bem, o salto que Saussure dá é efetivamente dissociar a ideia de correspondência entre a palavra e a coisa evocada e adicionar à teoria um componente outro: uma relação entre o *conceito* e a *imagem acústica*. Portanto, da antiga e simples ideia de que uma linguagem é um código que tenta observar uma relação entre a palavra e a coisa, Saussure inclui uma relação entre um ser que fala e outro que o escuta, e a imagem acústica como resultado daquilo que se imprimiria no psiquismo daquele que escuta: a propagação das ondas sonoras da boca de A ao ouvido de B e vice-versa produz um circuito:

---

[30] LACAN, Jacques. *O Seminário, livro 1*: os escritos técnicos de Freud, 1953-1954. Texto estabelecido por Jacques-Alain Miller. Rio de Janeiro: Zahar, 2009, p. 331.
[31] AGOSTINHO, op. cit. p. 89.
[32] SAUSSURE, Ferdinand de. *Curso de linguística geral*. Tradução de Antônio Chelinii, José Paulo Paes, Izidoro Bliskstein. São Paulo: Cultrix, 2006, p. 80.

O INCONSCIENTE É ESTRUTURADO COMO UMA LINGUAGEM

Vejamos que tal circuito inclui uma relação recíproca entre dois sujeitos que falam e que se escutam. Essa dimensão é representada ainda por uma relação recíproca que determina o conceito através de sua imagem acústica e vice-versa:

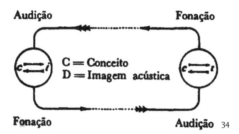

Tais esboços deixam bastante evidente uma ideia de relação recíproca e associativa entre o conceito e a imagem acústica, e, para Saussure, a imagem acústica não deve ser confundida com o próprio *som*, "mas a impressão (*empreinte*) psíquica desse som, a representação que dele nos dá o testemunho de nossos sentidos"[35].

O que realiza essa ligação, para o linguista, é justamente o *signo* linguístico. O signo linguístico seria uma composição entre o conceito e a imagem acústica que o acompanha.

---

[33] Imagem retirada do *Curso de linguística geral* (SAUSSURE, 2006, p. 19).
[34] Ibid., p.19.
[35] Ibid., p. 80.

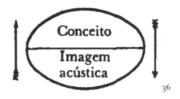

Essa relação comporia uma unidade na medida em que o conceito é acompanhado por uma *imagem verbal* que o acompanha. O conceito de árvore é acompanhado se evocamos a palavra árvore. Saussure dá um exemplo através da palavra árvore em sua forma latina *"arbol"*, como podemos ver na figura a seguir:

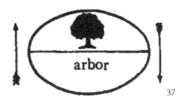

Para demonstrar de maneira bastante didática a noção de *relação*, mas ao mesmo tempo de *oposição* em cada um desses conceitos, Saussure os substitui pelos nomes *significante* (= imagem acústica), *significado* (= conceito) e *signo* (= composição dessa relação):

Signo = Significado/Significante

Uma consequência bastante importante de pensar o signo linguístico dessa forma é que tal lógica implica em uma premissa fundamental para a linguística saussuriana: a ideia de *arbitrariedade* do signo linguístico.

Contrariando algumas correntes da filosofia da linguagem, Saussure vai atribuir a composição do signo não a uma *construção* ou

---

[36] Ibid., p. 80.
[37] Ibid., p. 80.

desenvolvimento da língua como consequência direta de sua *história* primeva ou etimológica, mas sim de forma bastante *arbitrária*. Essa ideia é uma consequência lógica da relação entre o significante e o significado que inclua seres que falam e seres que escutam ao código e, portanto, o animam de forma sincrônica e arbitrária.

A ideia da língua como efeito dos sons, da representação direta e material das "coisas" e seus desdobramentos no interior da *história da língua*, é bastante difundida na tentativa de explicá-la, por exemplo, por meio das onomatopeias (*tic-tac* = som do relógio, *sniff* ou *buá* = som de um choro). Mas mesmos estas, além de bem pouco numerosas, perdem algo do caráter inicial quando engrenadas na linguagem.

O signo e o significante são dotados da premissa da arbitrariedade não porque cada sujeito que fala possa escolher, de maneira decidida, e transformar o significado/conceito como queira, mas porque eles se transformam de forma imotivada e, portanto, não há um laço entre o significante e o significado que se apoie em um laço natural da realidade.

A própria dimensão de uma cadeia entre falantes/ouvintes já é suficiente para pensarmos o quanto a relação entre a imagem acústica/conceito e entre o significado/significante se transforma na medida em que é atravessada por esse caráter mais estrutural do que histórico. Por isso, para alguns autores, Saussure é considerado o pai do estruturalismo: há uma dimensão relacional entre o *paradigma*, as combinatórias que dependem do registro mnemônico, e o *sintagma*, como se encadeiam e se ordenam os elementos de modo lógico. Essa dimensão esvazia qualquer método de análise de uma língua a partir de sua relação com a história ou do viés que se apoie na realidade como tradução biunívoca com o código.

A forma como Saussure pensa na unidade do *signo linguístico* interessa bastante para Lacan e é com base em uma leitura crítica de seu curso que o psicanalista decide incluir a noção de significante no vocabulário psicanalítico para afirmar que "um significante é o que representa um sujeito para outro significante"[38]. Com tal afirma-

---

[38] "Ora, o que é um significante? Eu o matraqueio há muito tempo para vocês, para não ter que articulá-lo aqui de novo, um significante é aquilo que representa um sujeito, para quem? — não para um outro sujeito, mas para um outro

ção, Lacan dá bastante destaque à inclusão do sujeito na cadeia dos significantes e, ao mesmo tempo, endossa a noção de inconsciente estruturado como uma linguagem a partir do diálogo com a tradição da linguística saussuriana.

1.4. Um significante é o que representa um sujeito para outro significante

Saussure destaca a ideia relacional que produz uma cadeia e que depende de um sujeito que fala e outro que escuta. Além dessa relação entre dois viventes, Lacan relembra que a linguagem é preexistente à entrada do sujeito em seu mundo. A linguagem preexiste a entrada do sujeito em seu mundo e continua depois da partida do corpo vivo que a animava.

Efetivamente, há um infinito de palavras impregnadas de desejo e de significação, que antecipam a entrada de um bebê no mundo. O bebê, que será marcado pela letra e, portanto, atravessado por essas palavras, perpassa o universo simbólico que existia antes de sua entrada nele e que continuará a existir depois de sua partida dele. Alguma coisa já havia sido inscrita sobre um sujeito antes mesmo de seu nascimento, um *nome próprio* que o designe, assim como expectativas, desejos, um lugar, questões familiares e sociais que antecipam seu advir. Conjunto de letras este que servirá de suporte material, sempre assimétrico, do discurso.

A noção de linguagem que irá atravessar esse sujeito foi também influenciada pela linguística, ainda que pela leitura subversiva que Lacan fará dela. Lacan subverte o signo linguístico a partir de uma relação entre o significante e o significado

Signo linguístico = Significante / Significado

A torção que o ensino de Lacan dá em relação à discussão sobre o signo linguístico e sua apropriação conceitual é muito bonita. No

---

significante". LACAN, Jacques. O Seminário, livro 11: os quatro conceitos fundamentais da psicanálise, 1964. Texto estabelecido por Jacques-Alain Miller. Rio de Janeiro: Zahar, 1985, p. 187

texto "A instância da letra no inconsciente ou a razão desde Freud", ele vai dizer

> Se formos discernir na linguagem a constituição do objeto, só poderemos constatar que ela se encontra apenas no nível do conceito, bem diferente de qualquer nominativo, e que a coisa, evidentemente ao se reduzir ao nome, cinde-se no duplo raio divergente: O da causa em que ela encontrou abrigo em nossa língua e o do nada ao qual abandonou sua veste latina (*rem*).[39]

A *coisa*, ao ser nomeada, divide-se em sua *causa* e o nada (as letras que a agarram quando traduzidas ao latim, *rem*[40]). Divisão entre *causa* e a *palavra* na qual ela se agarrou.

Em outros termos, se ficarmos na discussão da filosofia da linguagem ou da linguística sobre a relação entre o significante e o significado ou, então, sobre o ponto limite de uma possível *correlação* e, portanto, sobre uma operação na qual o significante determinaria o significado ou seria determinado pelo significado, apenas repetiríamos uma história dos conceitos que encontramos em várias tradições sob diferentes vocábulos:

1) **palavra/coisa;**
2) **significável/signo ou conceito;**
3) **imagem acústica/conceito;**
4) **significante/significado.**

A questão, nesse ponto, é justamente pensarmos em como se emancipar da ideia de que o significante é uma simples *representação* do significado, em vez de recorrermos às inúmeras tentativas de revelar o *sentido do sentido* ou o significado último de uma relação entre a palavra e a coisa.

---

[39] LACAN, Jacques. "A instância da letra no inconsciente ou a razão desde Freud". In: _____. *Escritos*. Tradução de Vera Ribeiro. Jorge Zahar Editor: Rio de Janeiro, 1998, p. 501.
[40] Coisa, em latim.

O INCONSCIENTE E O REAL NA CLÍNICA LACANIANA

Há muitos exemplos que colocam esse *paralelismo* em xeque, e Lacan[41] elenca alguns: a relação pictórica e nominal entre a placa que aponta a divisão dos banheiros a partir de uma oposição entre "homens" e "mulheres" e a *mesma* porta que oferece ao sujeito uma entrada ao toalete:

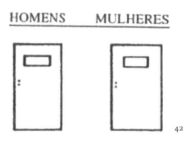

Mais do que demolir a ideia de que a relação e a oposição entre o significante e o significado seja recíproca e paralela, Lacan usa tal exemplo para demonstrar que o significante entra no significado e que toda significação é inacabada. Exemplos da experiência perspectiva são inúmeros: um trem chega à estação. Duas crianças olham as colunas da plataforma e uma diz: "Olha, chegamos em homens", e a outra: "Imbecil, não vê que estamos em mulheres?". Lacan segue,

> A partir desse momento, Homens e Mulheres serão para essas crianças duas pátrias para as quais a alma de cada uma puxará sua brasa divergente, e a respeito das quais lhes será tanto mais impossível fazer um pacto quanto, sendo elas em verdade a mesma, nenhum deles poderia ceder da primazia de uma sem atentar contra a glória da outra[43].

Há uma importância no exemplo que se revela no ensino de Lacan quando este vai dizer, alguns anos mais tarde, que não há relação entre os sexos. Bem, essas crianças articulariam o significante de tal pátria de forma completamente diferente entre elas e entre os

---

[41] Ibid., p. 501.
[42] Ibid., p. 501.
[43] Ibid., p. 504.

outros. Há uma determinação do significado que é produzida, portanto, pelo significante.

Por pura consequência teórica, percebemos então que não há uma significação estável, compartilhável e transmissível por meio da unidade algorítmica S/s, significante/significado. A estrutura do significante implica, portanto, uma *articulação,* que depende de outro significante e de outro e de outro.

A unidade linguística, S/s, se reduz, então, aos elementos diferenciais, ao *fonema*, ao som da *letra*, que atravessará o sujeito através do "sistema sincrônico dos pareamentos diferenciais necessários do discernimento dos vocábulos numa dada língua"[44]. Estendamos: a estrutura do significante é recebida por simultaneidade (ao mesmo tempo) e por meio do pareamento diferencial que oferece ao sujeito a possibilidade de discernir as palavras (vocábulos) de determinada língua.

A estrutura se compõe segundo as leis de uma cadeia fechada, que Lacan exemplifica através de "anéis cujo colar se fecha no anel de um outro colar feito de anéis"[45]. Podemos pensar em tal imagem como uma trama que *circula* e que se abre no deslocamento ao outro colar de anéis.

A questão de base em Lacan é a impossibilidade de pensar tal cadeia sem o sujeito: o sentido *insiste*, mas não *consiste*. E não consiste exatamente porque há a polissemia, a homofonia e o equívoco, há o deslizamento que impossibilita sua estabilização. Efeitos do *falasser* que articula a linguagem por meio do significante e do sujeito que é representado por ele. É impossível que o sentido consista, pois cada sujeito expressa uma diferença ao *falar* e através da linguagem ser *falado*.

O campo do significante é constituído, nessa diferença, por um movimento que contempla *metáfora* e *metonímia*. A cadeia se forma de palavra em palavra (metonímia) e através de uma palavra por outra (metáfora). A prevalência do significante sobre o significado é exemplificada por Lacan com um verso de Victor Hugo, extraído do conhecido poema "Booz adormecido" (Boaz, em português).

---

[44] Ibid., p. 505.
[45] Ibid., p. 505.

No poema, Victor Hugo se inspira em uma passagem da bíblia presente no Livro de Ruth. Boaz é um prospero, virtuoso e generoso camponês que recebe visita de Ruth, uma viúva moabita. Ruth passa uma noite aos seus pés e o pede em casamento. Boaz, tocado pelas virtudes dela, aceita, casa-se, cobre suas dívidas e juntos dão à luz uma criança, Obed (avô de Davi). O verso que Lacan extrai do poema de Victor Hugo é o seguinte:

"Seu feixe não era avaro nem odiento" ("*Sa gerbe n'était point avare ni haineuse*"[46])

É claro que um feixe de trigo não comporta qualidades como o ódio e a avareza. O "seu" refere Boaz como o proprietário do feixe. E a negativa de tais características — o ódio e a avareza — são propriedades de Boaz. O *feixe* substitui *Boaz* na cadeia significante,

"Seu feixe [**Boaz**] não era avaro nem odiento."

Entre o significante do nome próprio [**Boaz**] e o que o abole metaforicamente [**feixe**] que Lacan aponta a *centelha poética* que é própria a cadeia. O significante ocultado (Boaz) permanece na cadeia. Aliás, nesse exemplo, Lacan inclusive aponta a metáfora em jogo: Boaz não reaparece para negar a avareza e o ódio. Deixa isso ao feixe de trigo e desaparece. Mas, ao mesmo tempo em que desaparece, insiste em reaparecer na cadeia sem constituir.

~~Boaz~~ → feixe de trigo → um a mais → um a mais [...]. O significante, portanto, é o que representa um *sujeito* para outro significante. A inclusão da ausência do significante Boaz na cadeia causa um efeito estrutural em cada um dos *elos* desta, produzindo assim um movimento circular e não recíproco entre o sujeito e o significante. O sujeito é, assim, efeito do significante, pois ao inscrever essa ausência (o nome) que se insere na cadeia a partir de uma superposição, essa ausência incide em cada um dos elos sem reciprocidade entre o nome (palavra) e o significante ocultado.

---

[46] Id. Ibid.

**Sujeito → efeito do significante;
Significante → o que representa um sujeito para outro significante.**

Portanto, enquanto efeito da palavra falada (voz), emitida por um outro (o Outro materno), voz essa que bate no ouvido, um sujeito surge e é representado na cadeia por um significante, que o representa para outro significante, e assim por diante. Um sujeito surge, mas não se completa enquanto uma unidade de identidade, a=a, advém para então evanescer. O movimento é circular e sua relação com o grande Outro é dissimétrica e não recíproca. Se fosse recíproca e simétrica o movimento cessaria, pois haveria biunivocidade, correlação.

O movimento da cadeia sempre se abre a partir da inclusão desse "um a mais" que representa a ausência e sua abolição no significante sucessor. Se o *doador* (Boaz) desaparece junto ao *dom* (a generosidade que *não faz sentido* quando atribuída ao feixe de trigo) é para ressurgir na figura que o cerca (o feixe), pois o que o poema desvela é justamente a paternidade de Boaz, um ancião que recebera Ruth e se casaria com ela, em um contexto sagrado. Nesse exemplo, há também a noção de *Nome-do-Pai* enquanto aquilo que se transmite, conceito que trataremos mais adiante.

Portanto, há uma substituição de uma palavra por outra, mas uma que não abole completamente a substituída. Pelo contrário, a insere na cadeia por meio de uma *superposição*. Lacan vai dizer que esse é exatamente o movimento que Freud encontrou quando isolou o conceito de *condensação* no inconsciente. Já sobre o conceito freudiano de *deslocamento*, Lacan vai dizer que é na metonímia que encontraríamos um movimento análogo, através do transporte da significação, função que objetiva "despistar a censura"[47] e veicular o desejo inconsciente.

Essa é a hipótese do inconsciente estruturado *como* uma linguagem. Muitas vezes, a ideia de significante é entendida como uma espécie de "chave de leitura do mundo da linguagem" que a criança receberia, a partir de uma voz que a localiza enquanto ser que escuta e que a chama, em uma posição, a falar. Essa ideia pressupõe que

---

[47] Ibid., p. 515.

o sujeito é atravessado pela *significação* e então, com base nessa chave de *sentido*, passa a compreender os referentes da língua e a operá-los a partir de pares de oposição: frio e calor, alto e baixo, dentro e fora, presente e ausente. Desse modo, a malha simbólica seria organizada a partir de um *sentido*. Essa ideia é radicalmente diferente da noção que Lacan empresta ao significante. Inclusive, antes mesmo da apropriação do conceito da linguística, por Lacan, encontramos em *A interpretação dos sonhos*[48], de Freud, uma referência direta à ideia de pensar na significação a partir de uma leitura "criptográfica".

Quando Freud estabelece um *método* para a interpretação dos sonhos, ele diferencia o método psicanalítico de dois outros: o *simbólico* e o *criptográfico*. Esses dois procedimentos são bastante utilizados por saberes diversos para interpretar os sonhos. O método simbólico é baseado em uma espécie de intuição direta que encontrará, no simbolismo, meios para "predizer" o futuro ou então oferecer um sentido baseado nas semelhanças entre as imagens oníricas e a vida cotidiana. O segundo, o criptográfico, é mais interessante para pensarmos nesse diálogo com a linguística. Nele, o sonho seria uma espécie de código a ser decifrado assim que descobríssemos a significação de cada signo. Então, munidos de uma chave de interpretação, poderíamos traduzir o sonho ou um pedaço dele de uma maneira direta.

Freud destoa completamente desses métodos quando pensa e trata o sonho como um *sintoma*[49]: assim, seria impossível equipará-lo ao método criptográfico, pois não encontraríamos uma "chave fixa", e o mesmo conteúdo onírico variaria em uma série de significações, contextos, relatos e pessoas diferentes. É por isso mesmo que quando Lacan inclui pela primeira vez a noção de significante em seus seminários, ele diz que o material significante são os *tagesrestes*, os restos diurnos[50]. A questão é que esses *tagesrestes* são

---

[48] FREUD, Sigmund. *A interpretação dos sonhos (1900)*. Tradução de Paulo César de Souza. São Paulo: Companhia das Letras, 2019, p. 132.
[49] Ibid., p. 132.
[50] Cf. LACAN, Jacques. *O Seminário, livro 1*: os escritos técnicos de Freud, 1953-1954. Texto estabelecido por Jacques-Alain Miller. Rio de Janeiro: Zahar, 2009, p. 318.

esvaziados de sentido. Os restos diurnos são restos de experiências do dia, triviais, que aparecem nos sonhos.

Lacan diz, então, que o *discurso do inconsciente* inclui esses *tagesrestes* como elementos esvaziados de sentido e disponíveis, como uma espécie de "vazio" e "oco" que veicula o *reconhecimento* do sujeito e seu desejo na cadeia do significante. Essa ideia dos restos (ou resíduos) noturnos geralmente é esquecida ou ignorada quando estudamos sobre o significante, mas deixa bastante clara a noção lacaniana de tal conceito.

No famoso capítulo 7 de *A interpretação dos sonhos*, onde Freud estabelece seu primeiro modelo organizado sobre o *topos* — o lugar do aparelho psíquico —, a noção de "restos diurnos" aparece com uma importância bem maior que em outros momentos de sua obra. Se a função do *sonho* é guardar o sono, justamente porque o sonho é a realização do *desejo*, os "restos diurnos" seriam os verdadeiros "perturbadores do sonho"[51]. Na ocasião, Freud vai dizer que por serem irrelevantes e não chamarem atenção da censura, o inconsciente faz ligações ao redor desses restos de experiências diárias triviais. Por serem "irrelevantes", restos que contêm experiências do dia a dia podem despistar a censura e dar notícias do desejo inconsciente de uma maneira bastante profícua.

A equivalência que Lacan estabelece entre o material significante e os *tagesrestes*, afasta completamente a ideia de que o significante seria uma espécie de chave criptográfica para ler uma linguagem. O significante instala um elemento que está ausente *e* presente e que representa o *sujeito* para outro significante, ou melhor, para o conjunto dos outros significantes.

Aliás, é na experiência da vigília que o inconsciente vai encontrar *restos* esvaziados de significação aos quais se ligar e assim representar um *sujeito* do inconsciente para outro significante. É por isso que o significante não é o que representa um sujeito para outro sujeito.

Outra inspiração usada por Lacan para pensar o significante foi o λέκτον (*lekton*) dos estoicos. Podemos traduzi-lo como o *exprimí-*

---

[51] FREUD, Sigmund. *A interpretação dos sonhos (1900)*. Tradução de Paulo César de Souza. São Paulo: Companhia das Letras, 2019, p. 616.

39

vel[52]. De acordo com Lacan[53], os estoicos dão um passo em relação à lógica aristotélica. A questão é que a lógica excluiria a relação do sujeito com a função de *nominação*. O mais conhecido dos silogismos, "todos os homens são mortais", "Sócrates é um homem", "Sócrates é mortal", excluiria o que pertence à relação particular entre o sujeito e o *nome próprio*. Lacan segue:

> É precisamente aí que se encontra o que permite esta falta de lógica, pois na verdade, se preservamos a originalidade da função de nominação, compreendam nisso em que no máximo se majora esta função própria do significante que é de não poder se identificar a si mesmo, o que, seguramente, culmina na função da nominação, esse Sócrates, que é ao mesmo tempo um dizendo-a-si e um dizendo-outro, aquele que se declara como Sócrates e aquele que outros — outros que são os elementos de sua linhagem, quer sejam ou não encarnados — que outros estão cobertos pelo nome de Sócrates, eis que não se pode tratar de uma maneira homogênea com o que quer que seja que possa estar incluído sob a rubrica de "todos os homens"[54].

Para dar conta de tal impasse, de uma lógica que não incluía a relação do sujeito com o significante, Lacan afirma que os estoicos, dois mil anos antes dos linguistas, chegaram a formalizar uma teoria do significante e a levaram a um ponto de perfeição, sobretudo com Crisipo de Solos, um dos grandes nomes do estoicismo. Segundo Lacan, a oposição que os estoicos introduziram é a entre ὄνομᾰ (*nome*) e ῥῆσις (*rhêsis*, dizer, discurso[55], ou, como Lacan traduz, *frase, enunciação*). Se a enunciação ou a sentença, mira a formação do conceito (a significação), ela deixa em suspenso a função da nomeação. O

---

[52] Cf. BRÉHIER, Émile. *A teoria dos incorporais no estoicismo antigo*. Belo Horizonte: Autêntica, 2012, p. 9.
[53] LACAN, Jacques. *O Seminário, livro 12*: problemas cruciais para a psicanálise, 1964-1965. Publicação interna do CEF (Centro Freudiano do Recife), 2006, p. 107.
[54] Ibid., p. 107.
[55] Sobre a tradução de ῥῆσις, cf.: SALLES, Alexsander de Souza Netto. *O nascimento da Parrhesía e o processo de laicização da Polis grega*: Uma análise a partir das tragédias de Eurípides. Dissertação de Mestrado, Universidade Federal Fluminense (UFF): Niterói, 2020.

nome próprio serve então como uma etiqueta que sutura, que mascara a falta, o buraco, quando a enunciação, ρῆσις, diante de tal falta, tropeça. Em uma língua morta, como afirma Lacan, ρῆσις funciona, mas a nomeação, ὄνομᾰ, não. A nomeação serve, nesse sentido, justamente para tamponar a falta quando o sujeito se depara com um encontro faltoso.

Mas essa função da nomeação inclui um Outro no campo da *rhêsis*, no campo da enunciação. É necessário que haja um Outro que dê um nome ao sujeito, que suponha uma marca única e singular a partir de tal nominação, e o represente e o destaque por um significante, por isso a identidade (que b seja igual a b) não funciona na lógica do significante, e o silogismo "Sócrates é mortal" esvazia uma relação do sujeito com o significante, que é singular e vetorizada a partir da nominação, como veremos posteriormente.

Assim, Lacan encontra no λέκτον (*lekton*) dos estoicos um exemplo de como o desejo é incluído através do *exprimível*, do *lekton*, no campo do significante.

Lacan cita um exemplo de um exercício de um linguista: há uma jovem e seu amante que combinam de se reencontrar a partir de um signo. "Quando a cortina estiver aberta, isso quer dizer que ela está só". De acordo com o número de vasos de flores dispostos na janela, isso significaria o horário. Cinco vasos de flores, cinco horas. Então, "cinco vasos de flores, eu estarei só às cinco horas"[56]. Uma sentença, *rhêsis*, está então estruturada: *sozinha* pode ser o predicado de *cinco horas* ou *cinco horas* pode ser o predicado de *sozinha*. A janela aberta quer dizer que ela está sozinha. Toda a questão nessa enunciação, é que entre o *"sozinha"* e às *"cinco horas"* há um chamado para que o amante ocupe essa posição, apareça para preencher tal solidão. Assim, o *lekton*, o "exprimível", abre uma **lacuna** onde a função do desejo pode se manifestar. O amante, que pode ler ou não, é chamado a aparecer em tal abertura, em tal lacuna. O significante, que representa um sujeito para outro significante, veicula justamente o desejo, que toma, no caso ilustrado, o amante como Outro. Nesse intervalo entre o sujeito e o predicado — que podem se

---

[56] LACAN, Jacques. *O Seminário, livro 12*: problemas cruciais para a psicanálise, 1964-1965. Publicação interna do CEF (Centro Freudiano do Recife), 2006, p. 292.

intercambiar — o que a enunciação "cinco horas" mira é o encontro, sempre faltante. Lacan traduz τὸ τυγχάνον (*tingkhánon*) por encontro; Bréhier[57] explica que o termo significava para os estoicos algo como o *objeto*.

Se, por um lado, o "cinco horas" mira o encontro, por outro, o sujeito dissimula, esconde sua fantasia inconsciente do "ser sozinha" e que precisaria ser tomada enquanto *objeto* do desejo do Outro. O que o exprimível revela é a divisão subjetiva: por um lado, o sujeito mira o encontro com o Outro e por outro a fantasia inconsciente de ser tomada pelo Outro como objeto. De acordo com Lacan: "Só o desejo do Outro dá sua sanção ao funcionamento deste apelo. O desejo fantasmado pelo sujeito que se anuncia só para ser a única, este desejo, é o desejo do Outro"[58].

Diante desse exemplo, além do *lekton*, do "exprimível", que comporta o desejo, a lógica estoica também se faz presente e descarta qualquer biunivocidade estabilizada por uma lógica da contradição. Os estoicos não pensavam no conceito ou na significação recíproca na relação do sujeito com o predicado. De acordo com Bréhier[59], a cópula "*é*" foi abolida por alguns pensadores estoicos. Em vez de dizer "a árvore é verde", eles propunham resolver a questão dos predicados substituindo a sentença por "a árvore verdeja". Ao reduzir o *atributo* a um *verbo*, os estoicos não exprimiam mais um *conceito* — como a lógica aristotélica presumia — mas um *acontecimento*. Tal lógica nos interessa para pensarmos a relação do sujeito com o grande Outro. Aliás, em determinado momento[60], Lacan chama o *sintoma*, efeito do sujeito atravessado pela linguagem e capturado pelas tramas do significante, como um *"evento de corpo"*.

O sujeito passa a articular o significante a partir de um movimento circular em relação ao grande Outro. É na relação com o Outro, com O maiúsculo, porque quer dizer o lugar no qual ele vai

---

[57] BRÉHIER, Émile. *A teoria dos incorporais no estoicismo antigo*. Belo Horizonte: Autêntica, 2012, p. 22.
[58] LACAN, op. cit. p. 294.
[59] BRÉHIER, Émile. A teoria dos incorporais no estoicismo antigo. Belo Horizonte: Autêntica, 2012.
[60] LACAN, Jacques. "Joyce, o sintoma", 1975/1979. In: _____. *Outros escritos.* Tradução Vera Ribeiro. Rio de Janeiro: Zahar, 2003.

recolher os significantes e se inscrever na cadeia, que o sujeito vai advir. No momento inicial, usualmente o Outro-materno, pois primeiro o sujeito é chamado ao Outro para depois ver-se aparecer no campo e, então, o Outro retornar.

1.5. O sujeito e o Outro

Há uma diferença radical entre a dimensão do significante que opera na linguística e que interessa para pensarmos nos códigos de uma linguagem e o significante para Lacan. Isso porque é impossível o pensarmos sem a dimensão do efeito, do surgimento do sujeito no campo do Outro. Antes de um bebê nascer, sobre ele se é *falado*. Fala-se sobre ele e é produzida toda uma malha social e simbólica que antecede sua chegada ao mundo. O bebê, em seus primeiros meses, escuta e é atravessado por vozes que o chamam a responder. Ele é, de certa forma, animado por uma voz que o chama a ocupar um lugar e a falar. Esse é o lugar do Outro. É na entrada no campo do Outro que o sujeito, que não era nada senão um sujeito por vir[61], se coagula em significante e advém atravessado pela linguagem. E, ao mesmo tempo, é no lugar do Outro que surge o primeiro significante que produzirá esse efeito de sujeito, de sujeito barrado, dividido pela linguagem.

Lacan explica de muitas formas o surgimento do sujeito a partir da entrada no campo do Outro. É, inclusive, do campo do Outro que o sujeito vai recolher peças que dizem respeito à lei simbólica, através da veiculação da interdição ao incesto, e aprender algo sobre a própria sexualidade.

Aliás, em ao menos duas importantes ocasiões[62], Lacan usa o exemplo do belíssimo romance *Dáfnis e Cloé*, de Longo de Lesbos, escrito cerca de II d.C., para ilustrar a importância do campo do Outro enquanto tesouro dos significantes, para que o sujeito possa fazer valer a própria sexualidade. Se no inconsciente não há inscri-

---

[61] LACAN, Jacques. *O Seminário, livro 11*: os quatro conceitos fundamentais da psicanálise, 1964. Texto estabelecido por Jacques-Alain Miller. Rio de Janeiro: Zahar, 1985.
[62] Durante a aula XVI do Seminário 11 e no texto "A significação do falo".

ção que possa situar o sujeito como homem ou mulher, é no campo do Outro que este aprenderá peça por peça para poder fazer valer sua sexualidade: "as vias do que se deve fazer, como homem ou como mulher, são inteiramente abandonadas ao drama, ao roteiro que se coloca no campo do Outro"[63].

No romance, dois bebês são encontrados de maneira misteriosa: um bebê menino junto a um cabrito, nomeado Dáfnis para que seu nome parecesse com o ofício daquele que o achou, um pastor; e uma bebê menina, próximo daquele local, encontrada dois anos depois por um pastor em um santuário de *Ninfas*, lugar ao qual uma de suas ovelhas se dirigia com frequência, e por isso esta também receberia um nome pastoril, Cloé.

Dáfnis e Cloé cresceram rapidamente, se transformaram em pastores e faziam tudo juntos. O romance todo se desenvolve descrevendo a irrupção de uma paixão entre eles que não pode ser nomeada, pois nenhum dos dois sabe nomear, por não terem apreendido, aquilo que vivem, o que causa estarrecimento:

> Eu agora estou doente, mas que doença é essa ignoro. Sinto dor e não tenho qualquer ferida. Estou aflita e não perdi nenhuma ovelha. Ardo e estou sentada sob esta sombra. Quantos espinhos já me feriram, sem que eu chorasse! Quantas abelhas já me ferroaram, mas eu me alimentei! O que fere meu coração é mais doloroso do que tudo isso. Dáfnis é belo, e também as flores. A sua flauta sibila belamente, e também as andorinhas. Mas estes não me dizem nada. Ah se eu fosse sua flauta, para que ele me soprasse! Ah se eu fosse uma cabra, para ser guardada por ele! Oh água miserável, só Dáfnis você tornou belo! Eu me banhei e foi em vão. Estou perdida, Ninfas queridas! Nem vocês podem salvar a donzela que criaram? Quem coroará vocês com guirlandas, depois de mim? Quem alimentará os pobres cordeiros? Quem cuidará da cigarra canora, que me esforcei para caçar, a fim de que embalasse meu sono can-

---

[63] LACAN, Jacques. *O Seminário, livro 11*: os quatro conceitos fundamentais da psicanálise, 1964. Texto estabelecido por Jacques-Alain Miller. Rio de Janeiro: Zahar, 1985, p. 200.

tando diante da gruta? Agora já não durmo, por causa de Dáfnis, e ela canta em vão[64].

Os dois se beijam, então Cloé pensa que está doente. Os efeitos de corpo da aproximação entre os dois e dessas trocas são interpretados como uma doença que os deixa confusos e ansiosos. Um dia, um velho, Fíletas, se aproxima deles e diz que fora visitado em seu quintal por um menino alado, que na verdade era *Eros*, o deus do amor, que lhe contou que no momento era pastor e cuidava de Dáfnis e Cloé.

Assim, Fíletas resolveu lhes contar e descrever o amor e a paixão: "para a paixão não há nenhum remédio que se possa beber ou comer ou dizer em canções, senão beijo e abraço e deitar-se com os corpos nus."[65]. Cloé e Dáfnis então reconhecem similaridades entre as sensações e a descrição de Fíletas:

> Os amantes sofrem; nós também. Deixam de se alimentar; nós igualmente. Não conseguem dormir — é isso o que sofremos agora. Parecem arder; há fogo dentro de nós. Desejam olhar um para o outro —eis o motivo por que oramos para o dia surgir o mais depressa. Talvez isso seja o amor e amamo-nos sem o saber [...] precisamos, então, ir atrás de todos os remédios que ele disse, beijo e abraço e deitar nus no chão[66].

O romance todo descreve impasses da sexualidade e do próprio coito e como os dois vão encontrar no campo do Outro, sobretudo da linguagem, alguma referência que lhes ajude a realizar aquilo que vivem. Inclusive, é na figura de Lycenia, uma mulher casada

---

[64] MANGIA SILVA, L. C. A. "Dáfnis e Cloé, de Longo de Lesbos — Livro Primeiro — Tradução". *Rónai — Revista De Estudos Clássicos E Tradutórios*, n. 7, v. 1, 2019, p. 172. Disponível em: <https://doi.org/10.34019/2318-3446.2019.v7.25818>. Acesso em: 22 fev. 2023.

[65] MANGIA SILVA, L. C. A. "Dáfnis e Cloé, de Longo de Lesbos — Livro segundo: tradução e comentário: The Greek novel Daphnis and Chloe: a Portuguese translation of the second part with commentary". *Rónai — Revista De Estudos Clássicos E Tradutórios*, n. 8, v. 2, 2020, p. 131. Disponível em: <https://doi.org/10.34019/2318-3446.2020.v8.30665>. Acesso em: 22 fev. 2023.

[66] Ibid., p. 131.

vinda da cidade e que testemunha a dificuldade da dupla, que Dáfnis apreende, na prática, o ato sexual. Ao fazer sexo com o garoto e dar dicas sobre a primeira relação com Cloé, Lycenia ainda afirma: "não se esqueça que te fiz homem antes de Cloé"[67].

Tal história acentua uma dimensão da sexualidade humana que se afasta completamente de qualquer modelo biologicista, organicista ou natural. É em uma dimensão de atravessamento da linguagem, e, portanto, no campo do Outro, que o sujeito vai encontrar a possibilidade de fazer valer sua própria sexualidade. Tal alusão também faz referência ao conceito de grande Outro para Lacan: lugar da linguagem, encarnado pelo Outro-materno, que servirá para o sujeito colher significantes que dizem respeito à sua experiência, no qual este se localizará para então se separar, se destacar. O significante é o que representa um sujeito para outro significante: este axioma quer dizer justamente que o sujeito se destaca do conjunto dos outros significantes do campo do Outro para se separar desse conjunto e então esvanecer.

É claro que o romance de Longo de Lesbos traz o caráter metafórico e exacerbado próprio do mito para indicar a dependência do Outro, mas ele demonstra que Lacan se afasta completamente da ideia de uma psicologia do desenvolvimento na qual o sujeito, como uma espécie de unidade autoconsciente que passa a realizar operações formais e simbólicas, se desenvolve a partir de interações com o meio ambiente. Pelo contrário, o sujeito depende e depreende do significante e este reside primeiramente no campo do Outro. Mas o sujeito é reduzido, petrificado pelo significante, há uma dimensão mortificante enquanto consequência lógica da palavra agarrada ao *falasser*.

A questão é que a entrada do sujeito no campo do Outro o reduz a um significante por um lado e, por outro, o faz ser abolido como afânise, ou *fading*. Podemos pensar, como o fez Lacan no Seminário 11, no campo do sujeito e no campo do Outro como dois conjuntos. A partir da união dos dois, todos os elementos passam a pertencê-los. A questão que se dá nessa lógica da união é que como conse-

---

[67] VALERA, Juan. *Dafnis y Cloe, O Las Pastorales de Longo*. Traduccion. Rastro Books, 2019, p. 35.

quência é impossível subtrair um dos conjuntos, pois há um *fator letal* em jogo na união. Esse fator letal produz uma consequência lógica *de nem um, nem outro*.

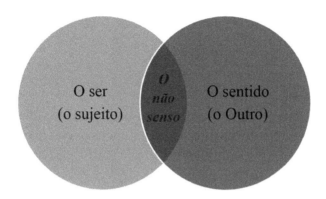

É impossível escolher ou apartar: se escolho o *ser*, o sujeito escapa ao sem sentido (não senso). Se escolho o sentido, ele seria decepado do *sem sentido*, que é a realização do sujeito no inconsciente; esse é o sonho do ser enquanto repositório de sentidos unívocos, tão caro à leitura que a filosofia medieval faz de Aristóteles. A questão é que, com o sentido, como ele emerge no campo do Outro enquanto o lugar da linguagem, há o ser que está eclipsado, representado pelo significante.

Na intersecção, no *sem sentido*, há duas faltas: o sujeito, que encontra no intervalo do discurso do Outro o deslizamento, o *desejo impossível de ser capturado*: "ele, o Outro, me diz isso, mas o que ele quer de mim?", ao qual o sujeito responde a essa falta com o que antecede a entrada e o atravessamento da linguagem pelo ser e, portanto, com a falta marcada pela *desaparição, a fantasia de sua morte*. Uma falta que recobre a outra em uma dialética alienante.

Lacan dá um exemplo sobre uma escolha impossível que exemplifica o fator letal e a captura do sujeito pela linguagem. Em um assalto, aquele que o produz exclama: "A bolsa ou a vida!". Se escolhermos a bolsa, perdemos ela e a vida. Se escolhermos a vida, a vida será decepada de uma dimensão de liberdade. Há uma dimensão impossível em tal escolha.

Nem um, nem outro. Ou a *bolsa* e eu perco os dois, ou a *vida* decepada de uma liberdade. Essa é a dimensão da entrada do sujeito na linguagem e sua conjunção com o Outro enquanto o lugar da linguagem.

Se consideramos a união de dois conjuntos que possuem uma intersecção não vazia (e é aí que entra o sem sentido da divisão), o sem sentido é uma falta que o sujeito vai encontrar no Outro: "o Outro me diz isso, mas o que ele quer?" ou "o que o Outro deseja de mim"? A criança tenta resolver esse enigma, essa falta, por meio dos *porquês. Por que você diz isso ou aquilo?* Essas questões são sempre uma tradução do: *"O que você quer de mim?"*. Se o Outro não consegue descrever tudo, não tem todos os porquês e um saber completo, o Outro é incompleto, há um furo que aparecerá lá.

Ao mesmo tempo, para responder a isso, a criança situa outra falta, a de seu próprio desaparecimento, percebida no Outro. O sujeito coloca a própria perda, sua desaparição, em jogo para responder a esse desejo parental. A fantasia da própria morte: "E se o Outro me perder?" é a falta que recobre a outra na dialética do desejo do sujeito e do Outro. É provável que essa fantasia, na intersecção do campo do Outro, seja o motivo de mães tão desesperadas nas praias lotadas, ou levando seus sonhos aos analistas: *"E se meu filho desaparecer? Sonhei com isso".*

Uma falta que responde à outra a partir de uma anterioridade lógica, antes da aparição, supomos um zero, um "nada", portanto, "posso desaparecer para o Outro?", tenta responder ao "o que o Outro quer de mim?", questão que aparece justamente nos intervalos do discurso do Outro. Podemos situar o "sem sentido" ou "não senso" nesses intervalos do sentido, figurado na intersecção a seguir.

O Outro me diz isso, mas o que ele quer de mim?   Pode ele me perder? (fantasia de sua morte — *fading*).

A questão, em Lacan, é que, ao ser atravessado pela linguagem, o *falasser* é impossibilitado de ser representado de maneira direta, codificada, recíproca em sua relação ao Outro. Pelo contrário, a própria noção de significante implica que a cadeia dos significantes seja determinada a partir de uma *falta* inscrita em sua sequência: essa falta é a presença de um zero[68], que não é "nada", mas que antes de sua aparição era uma ausência de certa forma presente. Esperada, é claro, pelo Outro, por uma cadeia simbólica: o quarto da criança, um nome, um espaço na família. E que foi inscrita, apareceu, surgiu no campo do Outro e que, diante da falta, nos *intervalos* do discurso do Outro, impõe uma separação: "O que esse Outro quer de mim?" só pode responder com um objeto que antecede sua própria aparição, a fantasia de sua morte, de desaparição: "Pode o Outro me perder?". Uma falta que recobre, que responde à outra, sem reciprocidade.

O argumento gira em torno da aparição do sujeito no campo do Outro, na álgebra lacaniana representado por **S1**, enquanto significante-mestre, o significante que representa, no campo do Outro, o sujeito para outro significante, **S2 (os outros significantes, o**

---

[68] Cf. LACAN, Jacques. *O Seminário, livro 11*: os quatro conceitos fundamentais da psicanálise, 1964. Texto estabelecido por Jacques-Alain Miller. Rio de Janeiro: Zahar, 1985, p. 221.

saber). Mas no intervalo entre S1 e S2, entre o que o Outro (o primeiro Outro, usualmente a mãe) faz surgir como sentido e o significante-mestre, há algo para além e para aquém do que ela (Outro) diz, algo desconhecido, o ponto de intervalo e de falta no discurso (o que ela quer de mim?). Nesse pontilhado se constitui o desejo do sujeito. É por isso que Lacan diz que o "o desejo do homem é o desejo do Outro"[69].

Entre S1, o significante que representa o sujeito para outro significante, e S2, que é o *saber*, há o que Lacan chamou de afânise, *fading* ou evanescência do sujeito. Mas essa evanescência não implica na desaparição ou no escamoteamento do sujeito na cadeia significante. O sujeito barrado pela linguagem ($), submetido à ordem simbólica, permanece na cadeia, como ilustrado na imagem. Mas permanece como um mais-um, que não se converte em uma identidade.

Lacan dá um exemplo bastante didático que ilustra a lógica do sujeito na matemática a partir da diferença entre os números cardinais e ordinais. Os números cardinais expressam a quantidade de elementos: um, dois, três, quatro. Os ordinais implicam uma ordem ou série: primeiro, segundo, terceiro, quarto.

Se há um Outro que precede a aparição do sujeito, só podemos pensar na cadeia significante como ordinal: o sujeito, S1, é contado, falado pelo Outro. Mas nessa cadeia, devemos introduzir o *zero*, pois, antes de sua aparição, havia algo preparado que o convocava, que o chamava a aparecer, que podemos pensar imaginariamente como um chamamento a ocupar determinado lugar:

> Do que já há no número de implicado pela presença do Outro, bastaria, meu Deus, para ilustrá-lo, dizer-lhes que, a série dos números, só podemos figurá-la introduzindo o zero, de maneira mais ou menos larvar. Ora, o zero é a presença do sujeito que, nesse nível aí, totaliza[70].

---

[69] LACAN, Jacques. *O Seminário, livro 10*: a angústia, 1962-1963. Texto estabelecido por Jacques-Alain Miller. Rio de Janeiro, Zahar, 2005, p. 31.
[70] LACAN, Jacques. *O Seminário, livro 11*: os quatro conceitos fundamentais da psicanálise, 1964. Texto estabelecido por Jacques-Alain Miller. Rio de Janeiro: Zahar, 1985, p. 220.

Mas esse zero não é captável e não se estabiliza enquanto um número que é idêntico a si mesmo e se transforma em saber, e tampouco desaparece como se não houvesse existido. Ele é uma ausência que se inscreve na cadeia. Além disso, sua neutralidade (zero) esconde a presença do desejo do sujeito, que insiste na cadeia como um-a-mais. Ele surge nos intervalos do discurso do Outro, entre S1 e S2, enquanto desejo do sujeito.

Esse zero, como presença do sujeito que inscrevia ele no campo do Outro, ressurge então nos intervalos do sentido, consequência lógica de um Outro incompleto que referencia o desejo do sujeito:

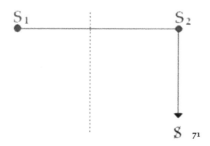[71]

É por haver o intervalo, caracterizado pelo pontilhado entre S1, que representa o sujeito para S2, que o sujeito pode se *alienar* de S2. É por isso que na cadeia não há S1, S2, S3, S4 [...]. S1 representa o sujeito para S2 e, assim, em S2, o sujeito se desvanece. Essa é a divisão do sujeito pela linguagem, $ (S barrado, dividido pela linguagem), na álgebra lacaniana.

Qualquer S3 voltaria a representar o sujeito para outro significante S4 e, portanto, seriam S1 e S2 novamente. Isso porque o que está em jogo no intervalo é a *alienação* e a *separação*. A alienação estabelece uma perda estruturante, quando o sujeito se depara com a falta e a incompletude do Outro. E a separação, no retorno, fixa o sujeito enquanto objeto do Outro (como já mencionamos, na fantasia de sua própria morte ou então com o qual o Outro goza). Há

---

[71] LACAN, Jacques. *Fondaments*. 1964, p. 114. Disponível em: <http://staferla.free.fr/S11/S11%20FONDEMENTS.pdf>. Acesso em 22 fev. 2023.

uma dimensão de destacamento nessa relação assimétrica que faz o sujeito se separar, não ser "engolido" pelo Outro.

Quando não há intervalo entre S1 e S2 e a primeira dupla de significantes se solidifica, Lacan vai dizer que ela se *holofraseia*. Algo assim ocorreria na psicose: a interdição da dialética entre o sujeito e o Outro a partir de um *unglauben,* uma incredulidade. Não a ausência de crença, mas no termo essencial da crença, que é justamente o que produz a divisão do sujeito, o **não senso**.

Não há *crença* que seja inteira: a crença supõe que haja, ao mesmo tempo, revelação e desvanecimento do sentido[72]. O sujeito barrado pela linguagem, $, é marcado por esse **sentido** que admite um **não senso/sentido**. A crença deve supor seu fundo de não senso ou o sujeito vive, como Lacan cita, como um personagem de uma desventura de Casanova que, ao ver sua mistificação ter sucesso, "a ponto de comover as forças celestes"[73], desmorona-se.

Octave Mannoni, psicanalista participante de seus seminários, é citado por Lacan como aquele que evoca considerações divertidas sobre esse personagem. Em um texto bastante interessante, "Eu sei, mas mesmo assim..."[74], Mannoni descreve essa frase típica dos neuróticos em sua relação com a crença e a mistificação que inclui o não senso e recorre ao livro de memórias do escritor italiano Giacomo Casanova. Em seu livro, Casanova conta um episódio que ocorreu quando tinha 23 anos e o fez brincar com sujeitos que tinham demasiada crença. Um deles, por exemplo, acreditava que havia um tesouro escondido em seu porão. Casanova convenceu o camponês de que com sua faca poderiam desenterrá-lo. Ele sabia que não havia tesouro, mas sentia prazer nessa brincadeira de crer não crendo. Mas a história que interessa é de Javotte, a filha desse camponês. Casanova decide conquistá-la, moça nova e ainda virgem, para provar sua eficiência de "mágico" diante daqueles que possuíam bastante crença.

---

[72] LACAN, Jacques. Fondaments. 1964, p. 231. Disponível em: <http://staferla.free.fr/S11/S11%20FONDEMENTS.pdf>. Acesso em 22 fev. 2023.
[73] Ibid., p. 231.
[74] MANNONI, Octave. "Eu sei, mas mesmo assim..." In: _____. *Chaves para o imaginário*. Tradução de Ligia Maria Pondé Vassallo. Editora Vozes: Petrópolis, 1973.

Casanova ordena, de maneira jocosa, diversos ritos para o ato de união: prepara roupas especiais, faz um enorme círculo de papel com caracteres cabalísticos e tomam banho juntos. O casal encaminha-se, então, ao ar livre onde está o círculo de papel, mas eis que uma tempestade não prevista se inicia. A tempestade o desmorona e sua "brincadeira" se transforma terror:

> O "eu sei" é levado como uma palhinha no pânico total, a magia se vinga: "No terror que me abateu, persuadi-me de que, se os raios que eu via não vinham me destruir, era porque não podiam entrar no círculo. Sem essa falsa crença, não teria ficado lá [na tempestade] nem um minuto". Assim, o círculo era mágico[75].

Aliás, é muito comum que nos deparemos com essa crença e esvanecimento de sentido na clínica dos neuróticos que adoram ler horóscopos: "eu sei, mas mesmo assim". Curioso é quando, como Casanova citado por Mannoni, algo que retorna do real como impossível e corrobora com a crença não tão "sabida" assim e o sujeito entra em "pânico". O "eu sei, mas mesmo assim" é o fundo de não senso necessário para que o sujeito possa crer no grande Outro, mas crer "se fazendo de tolo". Se não há esse fundo, não há como o sujeito ter dúvida e, portanto, há, como nas psicoses, excesso de certeza.

Sem o esvanecimento do sentido enquanto suposição e dimensão última, é possível que estejamos no campo da psicose, onde há certeza e, por isso, falta de intervalo entre S1 e S2. Portanto, se há *holófrase* e solidificação, não há alienação e separação e, desse modo, há uma fusão dos significantes, e não conseguimos pensar em um sujeito dividido, barrado, $. É como se a cadeia dos significantes fosse tomada em bloco, sem dialética entre o sujeito e o Outro. E, como consequência lógica, o intervalo não se faz presente. Por isso a ideia de holófrase.

Na linguística, a ideia de holófrase, ou o adjetivo holofrástico, costumeiramente se refere ao uso de uma única palavra para expressar um conjunto de ideias. Alguns ramos da psicologia falam em

---

[75] Ibid., p. 28.

um "estágio holofrástico" no processo de aquisição de linguagem, no qual uma palavra representaria toda a sentença para uma criança entre 6 e 12 meses. Por exemplo: "Bola!" quer dizer: "Pegue a bola que eu quero jogar". Na linguística estrutural, o conceito de holófrase se assemelha bastante à ideia de línguas *polissintéticas* (ou incorporantes).

As línguas polissintéticas incorporam afixos no lugar de nomes ou advérbios que outras línguas expressariam[76]. Em outras palavras: uma sucessão de diferentes morfemas é adicionada a uma palavra para expressar coisas que, em outras línguas, necessitariam de muitas palavras para expressar. Isso leva à formação de grandes *frases-palavras*. Algumas línguas, como as línguas *Inuit*, faladas pelos povos no Alasca, Ártico e Groelândia, são famosas por essa estrutura.

Vejamos um exemplo extraído do *tunumiisut*, um dialeto inuíte da Groelândia Oriental. A palavra *aattarsinnaanngorpoq*, que significa "tornou-se possível para ele sair"[77].

Aattarsinnaanngorpoq;
Attaq → sair;
Sinnaa → poder;
Nngog → tornando-se;
Pu → indica verbo transitivo indireto;
Q → terceira pessoa.

Portanto, em vez de estabelecer uma linguagem intervalar, isolada, as línguas polissintéticas fazem uso destas longas palavras para expressar um conjunto de ideias que outras línguas expressariam incluindo intervalos entre as palavras. Quando Lacan usa o exemplo da holófrase entre S1 e S2, é justamente no sentido da falta de certo intervalo entre o sujeito representado para outro significante, S2 — o conjunto do saber. A falta do intervalo revela que algo da divisão subjetiva que causou o desejo do sujeito não foi devidamente con-

---

[76] PRIA, Albano Dalla. "Tipologia linguística: línguas analíticas e línguas sintéticas". *SOLETRAS*, ano VI, n. 11. São Gonçalo: UERJ, jan./jun. 2006.
[77] Esses e outros exemplos estão no livro: MENNECIER, Philippe. *Le tunumiisut, dialecte inuit du Groenland oriental*: description et Analyse. CNRS, Société de Linguistique de Paris, Klincksieck, 1995.

templado pelo simbólico, pelo registro da linguagem. O enigma da sexualidade, do não saber sobre o sexual, retorna não pelo recalque, assim como na neurose, mas no *real*.

Um exemplo elementar aparece no Seminário 3, de Lacan, dedicado às psicoses. Em uma de suas exposições, Lacan refere um caso com o qual trabalhou em uma de suas "apresentações de doentes". Ao comentar sobre a psicose e a elaboração da ideia de que o "que foi recusado no simbólico reaparece no real", Lacan faz alusão a um caso no qual uma paranoica lhe trouxe a seguinte cena: ao sair de casa, ela havia cruzado com um homem, um "mal-educado" que era amante de uma de suas vizinhas de hábitos levianos[78]. Ela diz a Lacan que o homem havia proferido um palavrão para ela e a ofendido. Porém, ela também diz a Lacan que antes de ter ouvido essa ofensa, ela dissera alguma coisa ao passar por ele. Ela disse: "Eu venho do salsicheiro". E ele então havia respondido: "Porca!".

Esse caso é bastante elucidativo quanto à estrutura da psicose e a linguagem. Se na dimensão dialética entre o campo do sujeito e o campo do Outro há o reconhecimento do desejo e se o Outro inscreve o S1, traça o sujeito em um campo que o localiza, o aliena e o separa, por um intervalo, do conjunto dos outros significantes, S2 (saber), então há uma dimensão de constituição do sujeito que admite significações dialetizadas na relação do desejo do Outro. Mas isso depende do intervalo, do "o que será que esse *Outro quer de mim?*". Se essa paciente é estruturalmente paranoica, o ciclo comporta uma exclusão, nesse momento, do Outro, com O maiúsculo, enquanto tesouro dos significantes.

Esse Outro simbólico comporta uma faceta de reconhecimento: o *neurótico* diz "você é minha mulher" em vez, ou antes, de dizer "eu sou seu homem", isso porque há uma dimensão de reconhecimento que dá um lugar ao Outro, um para além daquilo que é falado. Diz "você é minha mulher" pois referencia o Outro em uma posição que inclui o sujeito que se faz reconhecido. Há um ponto na enunciação "você é minha mulher" que diz, inversamente, "sou seu homem", localiza e referencia um outro separado de "mim", que inclui o sujeito

---

[78] LACAN, Jacques. *O Seminário, livro 3*: as psicoses, 1955-1956. Texto estabelecido por Jacques-Alain Miller. Rio de Janeiro: Zahar, 1988, p. 59.

da enunciação de maneira subjacente. Esse é o inconsciente estruturado como uma linguagem, no qual o sujeito diz a partir de uma posição referenciada ao que supõe que o grande Outro o localize e por isso o inconsciente é o "discurso do Outro".

O que aparece, no caso dessa paciente, não é a recepção da fala de forma invertida, como seria no caso da neurose, uma mensagem do Outro recebida de maneira invertida, algo como "será que aquele vizinho está me chamando de porca?". De outro modo, esse *outro* (com o minúsculo) é o um outro especular que coincide com a afirmativa dela mesma, sua *semelhante*, uma relação de imagem que deve ressoar porque ela faz alusão. Esse é o outro capturado no registro do *Imaginário*. Se na neurose falamos de nossa posição de sujeito ao Outro e recebemos a mensagem sob uma forma invertida, inscrevendo-se no campo desse Outro, na psicose, ao excluir o Outro simbólico, o circuito se fecha entre o que se fala e uma imagem que fala na frente dela (o vizinho como outro semelhante), e então o que é recusado na ordem simbólica ressurge no real.

[79]

Esse caso, "eu venho do salsicheiro", pode ser pensado a partir do esquema *lambda* de Lacan, representado na figura acima. O "eu venho do salsicheiro" e a resposta "porca!" concernem ao eixo imaginário, a (*moi-eu-ego*) e a' (*outro-semelhante-imagem*), sua imagem virtual. Isso porque o sujeito psicótico recorre também à alusão para falar: "eu passava no corredor quando...". Ela faz menção, refere, mas

---

[79] LACAN, Jacques. *O Seminário, livro 3*: as psicoses, 1955-1956. Texto estabelecido por Jacques-Alain Miller. Rio de Janeiro: Zahar, 1988, p. 22.

não localiza a sua inscrição no campo do Outro. Ao excluir a dimensão simbólica (A — Outro), o circuito se fecha e ela fala por alusão e não sabe bem o que diz, nem o que veio primeiro exatamente. A ideia da falta de intervalo entre S1 e S2 a partir de uma primeira dupla de significantes que holofraseia dá uma dimensão bastante didática ao caso.

Lacan vai dizer que nesse caso não há essa dimensão do Outro simbólico, tão precisa aos neuróticos, que referiria o sujeito a partir de uma "sensação" ou de uma posição em relação ao Outro: "Eu tive a sensação de que ele me respondeu: 'porca'". Esse é o intervalo entre S1 e S2: "o que será que ele me respondeu?", ou "o que ele quis dizer com aquilo que ele disse?".

O exemplo da holófrase é o que figura a falta de intervalo entre S1 e S2, e a cadeia significante vem em massa: a grande palavra *"eu-venho-do-salsicheiro-porca!"*. Há, no ensino de Lacan, uma relação bastante importante entre as estruturas clínicas, a linguagem e a cadeia dos significantes. Não ao acaso, James Joyce é o paradigma lacaniano de uma psicose "estabilizada", que se consolida a partir de um sintoma que, ao invés de encontrar suporte no significante, o encontra na letra.

Quando pensamos na cadeia de significantes, o que propriamente separa S1, significante que representa o sujeito para o conjunto dos outros significantes, de S2, do Saber, é a inclusão do *Nome-do-Pai* na cadeia. A inclusão e a inscrição do Nome-do-Pai são possibilitadas pelo recalcamento primordial (*urverdrangung*). Por isso, o sujeito barrado ($) é um efeito de sua inscrição no campo do Outro e da falta que se instala na separação.

Nas psicoses, ao invés da falta, efeito da inclusão do Nome-do-Pai, o que ocorreria é o que Lacan chamou de foraclusão (*forclusion*), uma referência direta à *verwerfung*, o conceito de rejeição que aparece em Freud como uma das modalidades de defesa diante da castração. Lacan prefere foraclusão, um conceito proveniente do vocabulário jurídico que significa justamente a caducidade de um direito não exercido nos prazos e, portanto, não inscrito nem incluído. A consequência da falta de intervalo é essa "colagem", que produz efeitos de linguagem típicos das psicoses.

O conceito do Nome-do-Pai inscreve-se no Outro, no lugar que até então era ocupado apenas pelo Outro materno. Portanto, de uma relação *dual* o sujeito passa a uma relação *ternária, triádica*. O Nome-do-Pai aparece como um terceiro que irá instaurar a ordem simbólica e veicular a lei simbólica. Tais noções aparecem na obra freudiana, mas Lacan acentua sua dimensão na linguagem.

Aliás, Freud diz que a ameaça de castração, ao contrário do que poderíamos pensar, ao invés de ser evocada em uma relação dual e direta, é costumeiramente referida a partir da *invocação* de um terceiro. É o Outro materno que invoca um terceiro, *"em nome do pai"*: "Geralmente a ameaça de castração vem de mulheres; com frequência elas buscam reforçar sua autoridade invocando o pai ou o médico, que, segundo afirmam, executará o castigo"[80].

Vejamos que já em Freud, em vez de a ameaça de castração decorrer de uma relação que poderia ser considerada dialética entre o sujeito e o Outro materno, ela provém da invocação de um terceiro, contido no Outro, o Nome-do-Pai, "olha, tire a mão daí se não o pai (que está ausente) irá cortar a sua mão". Essa invocação depende do pai enquanto *nome*, é claro, para tratá-lo e fazer seu uso a partir da lei simbólica. É porque o pai não está presente no momento da invocação que ele pode ser simbolizado. Em Freud, o que a lei simbólica veicula é a interdição ao incesto, mas não apenas como uma norma que desimplique o sujeito, e sim a partir da impossibilidade de uma identificação que repita o pai, afinal, a lei comporta a advertência e a proibição:

"Assim (como o pai) você deve ser" e
"Assim (como o pai) você não pode ser"[81].

A lei simbólica veiculada pelo Super-eu comporta então a identificação, "você deve ser como o seu pai para ascender ao desejo", mas sem incorrer no incesto e, portanto, sem poder ser como seu pai, esse terceiro que pode desejar sua própria mãe. Essa contra-

---

[80] FREUD, Sigmund. "A dissolução do complexo de Édipo", 1924. *In:* _____. *O Eu e o Id, "Autobiografia" e outros textos (1923-1925)*. Trad. Paulo César de Souza. São Paulo: Companhia das Letras, 2010. v. 16, p. 184.
[81] FREUD, Sigmund. "O eu e o isso", 1923. *In:* _____. *O Eu e o Id, "Autobiografia" e outros textos (1923-1925)*. Trad. Paulo César de Souza. São Paulo: Companhia das Letras, 2010. v. 16, p. 31.

dição lógica se transforma na lei simbólica que se orienta para a meta impossível: é impossível satisfazer o ideal, pois ele comporta um paradoxo em si, afinal, repetir o pai teria como consequência o *incesto* e, em contrapartida, a proibição é veiculada pela própria lei que o toma como *ideal*.

Lacan trabalha com o Édipo, mas dá um acento estrutural para pensarmos no Nome-do-Pai a partir da lei do significante, acento este que vai ser colocado em questão no decorrer de seu ensino. Mas é o significante do Nome-do-Pai, enquanto privilegiado, que oferece um acesso do sujeito ao Outro simbólico. O que autoriza a lei, portanto, está no nível do significante, o *Nome-do-Pai*, que Lacan refere como o pai simbólico. Isso é o que ordena a cadeia significante e o Outro, o que implica a ideia de pai em um primeiro momento enquanto uma *metáfora*, como veremos em sua relação com a linguagem.

1.6. O significante e o Nome-do-Pai

Lacan desenvolve a tríade edípica a partir de uma lógica mais estrutural do que encerrada na história trágica de Sófocles. O mote todo gira em torno da intervenção que um terceiro faz em uma relação que até esse momento era estabelecida entre a criança e o Outro materno, usualmente a mãe. Essa intervenção seria a efetivação da *metáfora*, considerada por Lacan a *substituição* de um significante por outro. O que Lacan propõe é que a entrada na metáfora seja por meio de uma substituição primeira, que chamou *metáfora paterna*.

Em um primeiro momento, sobretudo em seu Seminário 5, sobre "as formações do inconsciente"[82], em vez de repetir a noção *freudiana* da ameaça de castração — que se tratava de uma espécie de incorporação pela criança ao comparar seu corpo com o de outras crianças e assim averiguar a inexistência de algo que os meninos possuem e as meninas não, percebendo no só-depois, na averiguação da *diferença*, que a ameaça poderia se concretizar de fato —, Lacan vai pensar baseado em uma *lógica* na qual a relação entre a

---

[82] LACAN, Jacques. *O Seminário, livro 5*: as formações do inconsciente, 1957-1958. Texto estabelecido por Jacques-Alain Miller. Rio de Janeiro: Zahar, 2020.

mãe e a criança sofre a interferência simbólica de um terceiro, que vai substituir, como uma metáfora, o significante materno.

Como o leitor pôde perceber anteriormente, toda a questão da entrada do sujeito na linguagem pressupõe que o desejo seja o desejo do Outro, que a criança tente capturar o desejo do Outro materno, "o que será que esse ser quer?", "o que será que esse ser quer que eu queira?", o que instaura a dimensão da *outra cena*.

Que a mãe possa se ausentar e que a criança possa escapar da captura do olhar da mãe, dimensiona um jogo de presença e ausência que em Freud se caracterizou pelo *fort-da*, o joguinho com o carretel no qual o neto de Freud transformava a saída, a ausência da mãe, em algo reprodutível a nível de jogo e em que, então, a criança podia se transformar em agente de cena. O que Lacan vai dizer é que o desejo do sujeito não é a atenção, a presença ou o contato com a mãe, mas que o sujeito tem o apetite do próprio desejo do Outro materno, daquilo que a mãe deseja[83].

O ponto é que o desejo da mãe também é o desejo de Outra coisa, algo que, imerso no mundo já simbolizado, também escapa e não coincide de forma exata com o desejo de satisfazer o da criança.

Toda a questão edípica em Lacan nasce dessa lógica estrutural: o desejo da criança é o desejo da mãe, mas o da mãe é de *Outra coisa*, é impossível logicamente que *coincidam*, ainda que seja por meio dessa relação de *miragem* e, portanto, em um primeiro momento, *imaginária*, que concerne à imagem do Outro, e que a criança tem um acesso ao desejo.

Lacan também aponta a necessidade de que a mãe saia para que a criança possa chamá-la e que, quando a mãe estiver presente, possa ser repelida. Esse é o processo inicial de entrada no simbólico e é bastante comum o percebermos nas dinâmicas da relação mãe-bebê. Há um momento no qual a criança repele a mãe, e ainda que a mãe force sua presença, a criança desvia da captura de seu olhar, olha para o outro lado e até esconde os olhos com as mãos. Esse *intervalo* confere a possibilidade de entrada no mundo simbólico.

---

[83] LACAN, Jacques. *O Seminário, livro 5*: as formações do inconsciente, 1957-1958. Texto estabelecido por Jacques-Alain Miller. Rio de Janeiro: Zahar, 2020, p. 188.

O INCONSCIENTE É ESTRUTURADO COMO UMA LINGUAGEM

Esse *algo a mais/Outra coisa* em jogo na relação é propriamente o falo. Esse é o objeto que ordena, que é privilegiado na ordem simbólica e que permite o deslizamento do significante, afinal, há *algo a mais* que concerne ao desejo da mãe.

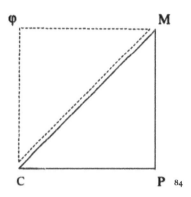[84]

Na imagem anterior, vemos como Lacan coloca, em referência ao triângulo, o falo enquanto falta, enquanto algo a mais, representado pela letra φ (phi) do alfabeto grego. Ele está simetricamente ligado ao P (Pai), no triângulo que envolve C (Criança) e M (Mãe). Há uma ligação que já remonta à metáfora: *é no lugar do pai que vai operar* esse *algo a mais* que paira na relação entre a criança e a mãe e que impossibilita que o desejo *coincida*. Esse *algo a mais* é o falo, que a criança vai associar a essa intervenção, ou melhor, aparição do significante paterno, do pai simbólico. O significante paterno é justamente o que vai mediar o desejo do Outro com esse *para-além*, esse algo *a mais*. Esse é o intermediário, como o *a mais* se torna o objeto de desejo da mãe, o *x*.

---

[84] LACAN, Jacques. *O Seminário, livro 5*: as formações do inconsciente, 1957-1958. Texto estabelecido por Jacques-Alain Miller. Rio de Janeiro: Zahar, 2020, p. 189.

$$\frac{\text{Pai}}{\text{Mãe}} \cdot \frac{\text{Mãe}}{x}$$ [85]

A interrogação sobre "o que quer essa mulher aí?" é respondida pelo: "bom, não é só a mim, há outra coisa, um algo a mais que ela quer, afinal ela vai e vem". O *falo* é exatamente esse xis que responde às idas e vindas da mãe.

Lacan vai situar então três tempos lógicos do Édipo, que dizem respeito à relação do bebê com o falo, com esse *algo a mais*, como esse *xis* que ganha o valor daquilo que a mãe deseja, como o que dá notícias do que o Outro materno, nesse momento, deseja.

Os três tempos do Édipo incidem de forma lógica:

1) **Primeiro tempo**: No primeiro tempo, a questão gira em torno da relação do bebê não com a mãe, mas com o *desejo* da mãe. Esse Outro já é um Outro constituído como aquele que pode estar presente ou ausente. Então, a criança tenta aprender e apreender o que seria o objeto de desejo da mãe, ou seja, o *falo*. Bem, mais do que apreender, ela procura *satisfazer* o desejo da mãe. Se o desejo da mãe seria esse algo a mais, o falo, a criança identifica-se com esse objeto e para agradar e se mostrar à mãe, a criança se posiciona como *falo*. Isso é uma consequência lógica de a criança não desejar alguma coisa, mas desejar o desejo da mãe. O único objeto possível é o falo imaginário, como aquilo que dá um vetor ao desejo da mãe. E estruturalmente, o falo é caracterizado por ser um objeto metonímico, portanto, que circula e, como Freud já afirmara anteriormente, que *desliza*. É isso que confere estruturalmente a assimetria dos sexos e a desproporcionalidade da relação do sujeito e o Outro. Como diz Lacan, o falo é como o "anel no jogo de passar o anel"[86]. Bem, nesse primeiro tempo, para ten-

---

[85] Ibid., p. 180.
[86] LACAN, Jacques. *O Seminário, livro 5*: as formações do inconsciente, 1957-1958. Texto estabelecido por Jacques-Alain Miller. Rio de Janeiro: Zahar, 2020, p. 207.

tar satisfazer o desejo da mãe, a criança se coloca no lugar de *objeto* de desejo desse Outro materno. A criança assume então o desejo da mãe de uma maneira que Lacan qualifica como bruta. Ela se inscreve no lugar de objeto metonímico, de falo, da mãe, se *assujeitando* ao seu desejo. Lacan vai designar essa posição de **assujeito**. Aliás, se manter na posição de assujeito, assujeitado, é costumeiramente a fonte da fobia. Isso também se faz muito presente nos sintomas qualificados como "crises de pânico", no qual o sujeito descreve a sensação de ser engolido por um *todo* e *desaparecer*, esse todo é mais o desejo do Outro que qualquer metáfora da imensidão.

2) **Segundo tempo**: No segundo tempo, a palavra do pai: o pai simbólico aparece e intervém nessa relação que se supunha identificada e estabilizada entre a mãe e o bebê como seu *falo*. A criança, que supunha ser o falo da mãe, averigua que o objeto de desejo da mãe depende da intervenção de um terceiro, que tem ou não tal objeto, o falo. Essa é a lei que desvincula a criança da posição identificada com o falo da mãe. Esse terceiro, que chamamos de pai, a lei paterna através do nome, serve justamente para *privar* a mãe de estabilizar a criança na posição do falo. Isso o coloca, o *terceiro*, na posição *de ter ou não* o falo, e não apenas *sê-lo*, como objeto de desejo ou esse *algo a mais* que interessaria ou vetorizaria o desejo da mãe. O ponto, no segundo tempo, é que o pai aparece no discurso da mãe; ele é, como diz Lacan, *mediado* no discurso da mãe. A criança recebe então um *não*, uma mensagem de proibição, **através** do discurso da mãe. Ao invés do imperativo edípico *"Não deitarás com tua mãe"*, a privação que a mãe receberá e que irá desalojar a criança da posição de falo da mãe é algo como: *"Não reintegrarás teu produto"*[87]. E, portanto, que a mãe não irá reintegrar a criança e que deverá assumir a perda. Essa é a privação contida no discurso da mãe que será veiculada para a criança. Por isso, o **Nome-do-Pai** intervém como suporte da lei. O pai intervém pela proibição de que o circuito

---

[87] Ibid., p. 209.

entre a mãe e a criança se feche e a própria lei simbólica tira a criança dessa posição de ser puramente o objeto de desejo da mãe. Esse momento é marcado pela *privação*.

3) **Terceiro tempo**: O terceiro tempo corresponde ao momento de saída do complexo de Édipo. O pai, que no primeiro tempo podia ser o falo, o *algo a mais*, o *xis* pelo qual a criança percebe que a atenção da mãe se vira, e no segundo tempo se transforma naquele que, como suporte da lei, priva/castra a mãe de alojar a criança na posição de falo, agora se transforma naquele que efetivamente o tem (e não o é). Essa é a identificação que resulta no *Ideal do eu*. Se a etapa anterior foi marcada pela privação, que a criança saiba, através da mãe, que não pode *ser* o falo desta, agora o pai aparece não como proibidor e privador, mas como doador[88], como aquele que intermedia o dom: a criança pode ter ou não o falo. É como se a criança recebesse, agora, um "título de posse"[89] que pode ser usado mais tarde. O pai substitui a mãe no nível da mensagem e agora autoriza a criança como uma espécie de *doador*. Essa ideia de dom também se faz presente, de forma ritualística, a partir do patronímico que institui na cultura ocidental a relação familiar que doa o sobrenome do pai de geração em geração.

Percebemos, e Lacan assim pontua, que qualquer dimensão diádica, dual, da relação da criança com a mãe é, de saída, impossível. Isso opõe o campo lacaniano aos analistas *kleinianos*. Há um terceiro que intervém já no primeiro tempo, que é da própria ordem da estrutura simbólica. Algo triangular entra em jogo de saída, pois a relação não é com a pretensa satisfação da *necessidade* da mãe, diretamente, mas se posiciona em relação ao desejo do Outro materno.

Nesse primeiro tempo, Lacan vai dizer que o que possibilita e prepara a criança para se instalar na posição de falo *imaginário* da mãe é o *estádio do espelho*. O estádio do espelho é um momento no qual a criança, entre os 6 e 18 meses, vai se deparar com sua

---

[88] Assim como Boaz.
[89] LACAN, op. cit., p. 212.

própria imagem, virtual, especular, refletida, o que lhe confere uma noção de unidade, certa cristalização de um *eu*. Lacan vai chamar esse momento de *assunção jubilatória*[90] da imagem que confere à criança certa noção de unidade e de corpo, sob uma perspectiva *instantânea* que registra essa imagem virtual, refletida, especular. Tal imagem, perspectiva, inclui uma posição do sujeito em relação ao Outro, ao ser capturado pelo olhar do grande Outro, e acompanhará o sujeito ao longo de sua vida.

Tal imagem captura a libido do sujeito e é fundamental para pensarmos no registro *imaginário*:

> A imagem do corpo é conquistada como algo que, ao mesmo tempo, existe e não existe, e em relação ao qual ela situa seus próprios movimentos, bem como a imagem daqueles que a acompanham diante desse espelho. O privilégio dessa experiência está em oferecer ao sujeito uma realidade virtual, irrealizada, captada como tal, a ser conquistada. Qualquer possibilidade de que a realidade humana se construa passa literalmente por aí[91].

O que possibilita o primeiro tempo lógico do Édipo é essa cristalização de um eu, que concerne ao registro imaginário, fundado na relação especular. Então, a criança pode realizar uma identificação com o falo enquanto *objeto imaginário* no primeiro tempo do Édipo. O que vai desalojar a criança dessa identificação imaginária é a intervenção do Nome-do-Pai, enquanto princípio simbólico. O que o Nome-do-Pai faz é desalojar a criança da posição fixada de objeto do grande Outro para nomeá-la, inscrevê-la, invocá-la para que responda a partir de uma posição de sujeito e não apenas de objeto do Outro.

---

[90] Cf. LACAN, Jacques. "O estádio do espelho como formador da função do eu", 1949. In: _____. *Escritos*. Tradução de Vera Ribeiro. Jorge Zahar Editor: Rio de Janeiro, 1998.
[91] LACAN, Jacques. *O Seminário, livro 5*: as formações do inconsciente, 1957-1958. Texto estabelecido por Jacques-Alain Miller. Rio de Janeiro: Zahar, 2020, p. 234.

Tal posição opõe então o *objeto de desejo da mãe* (falo imaginário), que é proibido pela intervenção da *privação* (O Outro materno não pode ser completo a partir dessa posição imaginária), ao *ideal de eu*, composto por significantes, consequência da intervenção do Nome-do-Pai.

Nessa lógica estrutural, o sujeito estaria em uma báscula entre o imaginário e o simbólico, em uma relação triádica entre o sujeito e o Outro materno no qual intervém o Nome-do-Pai. Mais do que isso, o objeto, ora imaginário com o qual a criança deve se identificar e ora simbólico e, portanto, capturado como significante e com valor metonímico, é inserido no campo simbólico e é articulado ao significante. Há um movimento no ensino lacaniano que mais tarde irá presumir o objeto no campo do real, a partir do conceito de *objeto a*, mas isso não quer dizer que o imaginário não lhe sirva de suporte e de contorno.

No Seminário 9, Lacan usa a figura matemática do *toro*, um espaço topológico homeomorfo parecido com a câmara de um pneu, para apontar a relação da *demanda* e do *desejo* a partir do *objeto a*. No número 1 da imagem a seguir, podemos ver como se estabelece o círculo da demanda, que se repete como um tipo de bobina e é sempre decepcionada. A demanda, em seu percurso cíclico, estabelece um *vazio*, ao qual o próprio percurso serve de suporte. Mas a demanda, ao repetir e repetir, desenha o contorno de outro vazio que ela cerca, o que Lacan[92] chama de o "lugar do *nada*". Vejamos que esse circuito que o lugar do nada desenha simboliza outro círculo que se estabelece na estrutura do toro, e que dá contornos ao objeto do desejo. O toro representa bem a relação do *desejo* (na figura, o percurso representado pelo 2) com a *demanda*. O vazio que a demanda contorna não faz relação com o objeto causa do desejo, mas este ganha contornos por conta da repetição que o circuito da demanda estabelece.

O *vazio* que a demanda contorna não é o *nada* que o desejo circunda, mas o que dá certo contorno ao objeto causa do desejo é o circuito decepcionado por estrutura da demanda.

---

[92] LACAN, Jacques. *O Seminário, livro 9*: a identificação, 1961-1962. Publicação não Comercial, Centro de Estudos Freudianos do Recife, 2003, p. 362.

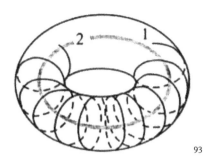

Porém, ao concatenarmos dois toros e decalcarmos a imagem, vemos efetivamente a figuração da fórmula lacaniana segundo a qual o desejo é o desejo do Outro.

> Reconhecemos aí uma correspondência que já nos é familiar, visto que o que podemos exprimir da relação do neurótico com o Outro, na medida em que ele condiciona, ao último termo, sua estrutura, é precisamente essa equivalência cruzada da demanda do sujeito ao objeto do Outro, do objeto do sujeito à demanda do Outro[94].

Com essa concatenação entre os toros, como vemos na figura a seguir, Lacan fornece uma imagem quase didática da relação do sujeito com o Outro (representado na figura pelo A, *Autre*) na neurose. O neurótico, na posição de objeto, tenta capturar a demanda do Outro e, ao mesmo tempo, tenta apreender seu objeto causa do desejo por meio da demanda que, ao mesmo tempo, é o objeto do Outro. A diferença, no obsessivo e na histérica — as duas direções da neurose —, é o acento que cada um dará à estrutura: a histérica demanda que o Outro a deseje e o obsessivo tenta dar conta ou barrar a demanda do Outro, evitando seu desejo. O "não há relação entre os sexos" sublinha a dissimetria estrutural na relação do sujeito com o Outro, incluindo o Outro sexo. A baliza do sujeito em relação ao

---

[93] LACAN, Jacques. *O Seminário, livro 9*: a identificação, 1961-1962. Publicação não Comercial, Centro de Estudos Freudianos do Recife, 2003, p. 362.
[94] Ibid., p. 363.

Outro é o *Che vuoi?* (O que quer?), que se traduz em seu sintoma o desejo e sua impossibilidade de satisfazer-se frente ao *real*.

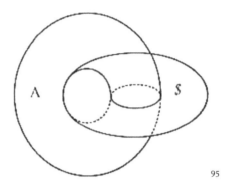

[95]

Destacando a relação do sujeito com o objeto causa do desejo, voltemos ao conceito do Nome-do-Pai.

Em Lacan, a noção de Nome-do-Pai tem uma relação bastante direta com a importância do *nome próprio*. É o nome próprio que serve como marca, como função significante que traça, agarra e nomeia o sujeito a partir da letra. O nome próprio comporta uma função que serve como suporte material (através da letra) do significante. Para Lacan, o nome próprio é o que relaciona a "emissão nomeadora com algo que, em sua natureza radical, é da ordem da letra"[96]. Portanto, a questão não é a significação do nome, mas que sirva como traço significante, como marca. Por isso não há sentido em traduzir um nome próprio para outra língua: Lacan é Lacan em francês, português ou inglês. Ele pode ser transposto, transmitido para outra língua. Mas todo o seu valor é propriamente o de uma marca singular e *intraduzível*.

O que Lacan vai dizer é que enquanto o homem fala, ele avança em seus enunciados, mas algo resta na enunciação, algo que *ele não pode saber*, que Lacan vai chamar de "nominação latente"[97]. Nominação recebida pelo grande Outro e que serve como marca única.

---

[95] Ibid., p. 363.
[96] Ibid.
[97] Ibid., p. 101.

O funcionamento do inconsciente é estruturado a partir dessa tentativa de retornar àquilo que foi percebido como "identicamente idêntico", essa marca, no ponto em que o *Urverdrangt*, o recalque originário, produziu o inconsciente. Esse "identicamente idêntico" Lacan vai chamar de traço unário, *Einziger Zug*. É o traço distintivo que, como marca única, o sujeito recebe do Outro, mas só pode recebê-lo em sua distinção, em sua *diferença*. É como o nome próprio que só pode ser *transmitido*. Aliás, nominação que implica na própria aparição do sujeito.

Lacan afirma que é isso que faltará para sempre: o inconsciente é consequência do recalque originário e a insistência em retornar ao "identicamente idêntico", que estrutura a repetição. O inconsciente se liga a outro significante e outro significante e outro significante. Por isso o significante não significa nada, pois a cada ligação, na tentativa de *ser idêntico a si mesmo*, o que se produz é a diferença e o próprio *sujeito dividido* como efeito. A nominação do Outro, através do Nome-do-Pai que intervém na relação do sujeito com o Outro materno, produz esse efeito de sujeito em uma divisão radical, dividido e estruturado pela própria linguagem.

O assujeito, assujeitado pelo desejo materno, é nominado e, assim, marcado a partir de um traço unário, um significante mestre que, por um momento, "identicamente idêntico" produz uma divisão radical a partir da qual o sujeito dividido ($) advirá. Aliás, quando Lacan evoca o *traço* no Seminário 13[98], "O objeto da psicanálise", lembra que o chinês não joga um papel no qual, em sua superfície, tenha sido traçado um caractere, uma letra. Eles fariam, ao invés de um descarte, um pequeno altar para o papel.

Um papel no qual uma letra é traçada deixaria de ser apenas um papel. Há uma dimensão mortificante da letra que, ao tentar recobrir, "capturar", marca o objeto, mas ao mesmo tempo produz uma dimensão vivificante que o separa, que o destaca de todos os outros papéis: ele fora traçado de maneira unária. É claro que um ser não é um papel e que esse exemplo animista serve apenas para ilustrar a importância do traço. Do papel, do quadro ou da cerâmica não espe-

---

[98] Cf. LACAN, Jacques. *O Seminário, livro 13*: o objeto da psicanálise, 1965-1966. Publicação não Comercial, Centro de Estudos Freudianos do Recife, 2018, p. 52.

raríamos que eles tomassem a palavra e nos respondessem, do *falasser* é o que costumeiramente a inscrição do Nome-do-Pai espera, que o sujeito advirá.

O que esse exemplo concebe bem é a dimensão *vivificante* da nominação, a conjunção da emissão nomeadora e do suporte da letra que marca o ser que será diferenciado de todos os outros seres (animais) por ser *falante*. De tal operação, como efeito da divisão, um objeto cai, objeto causa do desejo. O objeto causa o desejo propriamente pela falta que resulta na estrutura entre S1 e S2, entre o traço unário, o significante primeiro, e o S2, o conjunto de todos os outros significantes para os quais S1 vai representar o sujeito dividido por sua marca. O objeto cai como resultado dessa divisão, desse *impossível* da estrutura. E também por uma consequência lógica que o produz através de uma hiância, de uma fenda, que ocasiona a *angústia* e o *desejo*. O "não há relação entre os sexos", em Lacan, é por excelência a atualização desse *impossível*.

No nível da estrutura significante não há correlação e, portanto, algo escapa e é produzido por esse impossível: essa produção é o objeto que causa o desejo. O *objeto a* é o que escapa do significante. No nível do *gozo*, não há relação entre os sexos por conta de a relação ser mediada de forma dissimétrica pela *lógica da fantasia*, representada pela fórmula $ ◊ a, **$ o sujeito barrado pela própria inconsistência da linguagem, do Outro / ◊ punção / objeto pequeno a**.

O objeto pequeno a, como vimos na imagem do toro, pode encontrar suporte imaginário e contorno através de um pedaço do corpo do Outro de diversas formas, anal, oral, fálica, escópica (imagem especular capturada pelo grande Outro) e a voz, pulsão privilegiada. O *objeto a* enquanto voz do Outro se relaciona ao *supereu*, o que remete diretamente ao *mito do pai*.

Se em Freud o mito do pai totêmico assume uma função central para pensarmos na estruturação da neurose, em Lacan, a elaboração sobre o conceito assume uma direção que pluraliza o "Nome-do-Pai" e que, em 1963, se transforma no tema de seu seminário, denominado "Os Nomes-do-Pai".

Na ocasião, porém, o seminário é interrompido pelo episódio conhecido como sua excomunhão da I.P.A. (*International Psychoanalytical Association*). Como Lacan havia sido impedido de conduzir análises didáticas, se viu excluído e se considerou excomungado da Associação Internacional de Psicanálise. Decidiu então interromper seu seminário sobre os Nomes-do-Pai e fundar sua própria Escola. Ainda que Lacan afirmasse que nunca voltaria a este assunto depois de tal interrupção, ele elaborou o conceito em diversos seminários posteriores e, entre 1973 e 1974, intitulou seu seminário de "Os não tolos erram"[99] (***Les non-dupes erren***), que em francês produz uma homofonia com "Os nomes do pai" (***Les noms du père***).

1.7. Os Nomes-do-Pai

Como dito anteriormente, o conceito do "Nome-do-Pai" é repensado em 1963 a partir de uma reflexão sobre a possibilidade de outros *nomes*. O Nome-do-Pai tratava-se da função que marcava a entrada no simbólico com base em uma *nomeação* realizada pelo Outro, o "ser nomeado pelo grande Outro" implica uma metáfora que possibilita a entrada do sujeito na cadeia do significante. Ser nomeado implica uma *inscrição*: nomear, ser nomeado, se fazer nomeado, consequências de uma transmissão que comporta a efetividade do simbólico resguardado pela lei, pelo pacto. Essa lei permite que o sujeito possa ter acesso ao falo e ascender ao desejo. Como veremos neste subcapitulo, o mito inaugural dessa dimensão de acesso é o mito do sacrifício de Isaac. Antes disso, como uma anterioridade lógica mítica, o Deus-Pai apenas gozava daqueles que o tomavam como pai.

Na neurose, o *desejo* do pai é uma *questão*. Tal conceito faz com que Lacan passe a desdobrar as tradições religiosas para pensar seus fundamentos a partir de diferentes lidas com o desejo e o gozo de Deus. A referência freudiana, do pai totêmico, era o pai primevo que *gozava* de forma desenfreada de todos e que, assassinado, se transformou no pai simbólico e, portanto, morto, imóvel, representado pelo *totem*, respeitado pela instauração da lei de interdição ao incesto através do *tabu*.

---

[99] Cf. LACAN, Jacques. *Os não-tolos erram/Os nomes do pai:* seminário entre 1973-1974 [recurso eletrônico]. Tradução e organização de Frederico Denez e Gustavo Capobianco Volaco. Porto Alegre, RS: Editora Fi, 2018.

Lacan[100] diferencia a tradição judaico-cristã de outras formas de lidar com o desejo e com o gozo de Deus em tal aula do seminário interrompido sobre os nomes do Pai. Se em diversas outras tradições, sobretudo as místicas, a ideia seria alcançar o gozo de Deus[101] por meio de sacrifícios e celebrações, a tradição judaico-cristã se origina com uma relação bastante específica com o desejo, e não o gozo, de um Deus específico, o de Moisés.

Sigamos tal reflexão. Diferentemente dos deuses egípcios, Anúbis, Rá, Amon ou Osíris, o Deus de Moisés aparece com o nome de *Shem*, que significa *o nome*. Ao invés de uma representação do sol, lua ou algum afeto humano, o nome de Deus aparece precisamente como *o nome*. Isso dá um estatuto diferente ao pai e o remete mais à lei simbólica por meio de uma devida imobilidade, cifra, de seu gozo.

Lacan[102] discorre sobre o episódio do Êxodo conhecido como "A Sarça Ardente". No episódio, um anjo de Deus aparece no meio de um espinheiro[103] e Moisés percebe que o arbusto está em chamas, mas não queima. Deus teria chamado Moisés do meio do arbusto e anunciado "Eu sou o Deus de teu pai, o Deus de Abraão, Deus de Isaac e Deus de Jacó"[104].

É nesse momento que Deus teria feito um apelo a Moisés para que libertasse os israelitas do Egito. Moisés titubeia e diz que se disser aos israelitas que o Deus de seus pais lhe enviou, eles lhe perguntarão o **Seu nome**. Eis que Deus responde, **Ehieh Asher Ehieh**. A tradução dessa passagem é uma discussão que perpassa gerações inteiras de pensadores e que não repousa em consenso.

Lacan faz então referência à tradução de Santo Agostinho, "eu sou aquele que sou", e à tradução que os gregos realizaram, "eu sou aquele que é", por consequência de uma entificação de Deus, "Eu sou

---

[100] LACAN, Jacques. *Nomes-do-Pai. 1963*. Rio de Janeiro: Jorge Zahar, 2005.
[101] Isso fica bastante evidente nas tradições pagãs, por exemplo as nórdicas. Os rituais, sacrifícios e a relação direta com as deidades desvelam essa característica.
[102] LACAN, op. cit., p. 77.
[103] Como aponta Kaplan, é provável que o arbusto que queimava se tratasse de uma amoreira silvestre negra. Cf. WASSERMAN, Adolpho. *A torá viva — O Pentateuco anotado pelo rabino Aryeh Kaplan*. São Paulo: Maayanot, 2013, p. 268.
[104] . WASSERMAN, Adolpho. A torá viva — O Pentateuco anotado pelo rabino Aryeh Kaplan. São Paulo: Maayanot, 2013, p. 268

O INCONSCIENTE É ESTRUTURADO COMO UMA LINGUAGEM

o Ente, e não o Ser, *einai*"[105]. Traduções insuficientes, para Lacan, para extrair o sentido de *nome próprio* do *"Eu sou"*. O mote ao qual Lacan recorre é precisamente que Deus aparece para Moisés nesse momento em que o convoca para libertar os israelitas do Egito, como **Ehie Asher Ehie**, e pede que diga aos israelitas que fora enviado por **YHVH** logo na sequência.

YHVH é o tetragrama que não pode ser pronunciado, considerado um invariante da continuidade. A questão do tetragrama, além da impossibilidade de vocalização por não ter indicações de vogais nem sinais vocálicos[106], é que se trata de um nome eterno, que não varia. De acordo com Kaplan, "o tetragrama denota o nível onde presente, passado e futuro são o mesmo"[107].

Bem, assim que Deus apela a Moisés que liberte os israelitas, ele se apresenta como *Ehie Asher Ehie* e pelo tetragrama. Toda a questão é que ao anunciar YHVH ao Faraó, este, além de refutar o Deus de Moisés, pune o povo israelita com mais trabalho para que parem de prestar atenção em "falsas ideias". Há um impasse sobre os nomes que Lacan captura no antigo testamento.

Assim, no capítulo seis do Êxodo há a **vaerá**, a reafirmação. Deus diz então para Moisés: "Eu revelei-Me a Abraão, Isaac e Jacó como Deus Todo Poderoso (*El Shadai*), e não lhes permiti conhecer-Me por Meu nome YHVH"[108]. Lacan sublinha tal afirmação, não foi sob o nome YHVH, *Ehie Asher Ehie* ou *elohim* que ele se apresentou aos patriarcas, Abraão, Isaac e Jacó, mas como *El Shadai*, אל שדי.

Kaplan[109] destaca que o nome YHVH foi usado em Gênesis pelos anjos, pelos próprios patriarcas e até pelos gentios, mas nunca antes do tempo dos patriarcas e tampouco eles receberam suas profecias

---

[105] LACAN, op. cit., p. 77.
[106] Ainda que apareça na *Mishná*, uma das principais obras do judaísmo rabínico, a possibilidade de pronunciá-lo e na mais antiga bíblia hebraica do mundo, o *Códice de Leningrado*, com sinais vocálicos, o tetragrama, no *Talmude* (conjunto de livros sagrados onde se encontra uma espécie de Lei Oral judaica e suas discussões) e em geral na tradição judaica é proibido de ser pronunciado e vocalizado.
[107] WASSERMAN, Adolpho. *A torá viva — O Pentateuco anotado pelo rabino Aryeh Kaplan*. São Paulo: Maayanot, 2013, p. 270.
[108] Ibid., p. 280.
[109] Ibid.

no nível associado ao *tetragrama*, mas somente com o nome *El Shadai*.

Lacan diz que um Deus se encontra no registro do *real*, e o que aponta é esse deslocamento do nome El Shadai, aquele com o qual Deus se apresenta aos patriarcas, a YHVH, nomeação que colapsa a temporalidade e impede qualquer adjetivação, com a qual Deus se apresenta para Moisés. O tetragrama nos interessa justamente por impedir a adjetivação, a temporalidade e fazer referência a ele mesmo. Se dissemos anteriormente que a transmissão do nome tem a ver com o esvaziamento de sua semântica, do impossível de sua tradução, e sim de sua transmissão, é através do tetragrama que nos deparamos com a noção de nominação: o que se transmite a partir de YHVH é o próprio simbólico, um Deus-Pai imóvel em relação ao *gozo* (ele não é forte, fraco, alto baixo, violento, poderoso), mas que, ao invés disso, *deseja*.

Para desdobrar o nome El *Shadai*, aquele sobre o qual os israelitas já conheciam desde antes, Lacan retoma o chamado *teste de Abraão*, episódio conhecido como *Akedah*, a ligadura ou o **Sacrifício de Isaac**. Na ocasião, Deus pede que Abraão leve seu filho Isaac para área de Moriá e que o sacrifique como oferenda[110]. Lembremo-nos que Abraão já tinha 100 anos e Sara já havia ultrapassado seu período fértil quando tiveram Isaac.

Lacan enfatiza esse traço em El Shadai: ele não é a **Onipotência**, mas aquele que **promete**. Ele havia prometido que Sara engravidaria já com idade avançada. Aliás, em Gênesis 17:17[111], essa promessa fica manifesta: quando Deus promete que Sara, aos 90 anos de idade, irá dar à luz um filho, Abraão cai sobre sua face e *ri*[112] (*itschak*, homônimo de *Isaac*), e Deus então diz que ele deve chamar esse filho de Isaac, literalmente "ele riu". Nesse mesmo dia e a partir dessa promessa, Abraão sela a aliança e estabelece o pacto ao circuncisar, ele mesmo, seu filho Ismael, com 13 anos, e todos os homens de sua casa, incluindo os escravos.

Então, no episódio da *Akedah*, no momento que Deus pede a Abraão que sacrifique Isaac, quando Abraão constrói o altar, arruma

---

[110] Holocausto, do semantema Olot, em hebraico, oferenda que queima.
[111] WASSERMAN, op. cit., p. 76.
[112] Ri ou regozija.

a lenha, amarra Isaac e estende a mão com a faca da imolação para lhe cortar a garganta, aparece um anjo que o impede. Era suficiente que tivesse provado seu temor a Deus oferecendo seu filho. Mas, então, Abraão vê um cordeiro preso por seus chifres numa moita. Ele agarra o cordeiro e o *sacrifica* como oferenda no lugar de seu filho.

Lacan ressalta de forma central esse *cordeiro*. De que cordeiro se trataria? Para Lacan[113], trata-se do cordeiro primordial, seu *"ancestral epônimo"*. Lacan diz que não indicaria exatamente de que lugar extraiu tal ideia, mas dá duas indicações aos ouvintes de seu seminário: o *Pirkê Avot*, parte do Talmude que apresenta as palavras dos pais, também chamado de Ética dos Pais (os sábios); e em Rashi[114], que é o grande comentador dos Cinco Livros da Torá, o Pentateuco. A maior parte de suas edições são acompanhadas pelos comentários e explicações de Rashi, e provavelmente Lacan consultava uma destas[115] na edição francesa.

De fato, na edição de Rashi há o comentário: "E ele [**o cordeiro**] estava preparado [no local e aguardando] para isso desde os seis dias da Criação" com uma indicação bibliográfica ao *Tanchuma Shelach* 14. Provavelmente é essa a indicação que Lacan usou para dizer que esse cordeiro era o primordial.

Tanchuma é um indicativo ao Rabino Tanchuma, que compôs um importante texto, *midrash*[116], chamado *Midrash Tachuma*. O comentário de Rashi faz, então, uma alusão a essa versão do pentateuco que inclui comentários de *Tanchuma*.

Nessa versão, encontramos uma cena intensa e sua explicação sobre o sacrifício de Isaac: o cordeiro que apareceu no lugar

---

[113] LACAN, op. cit.
[114] Acrônimo de Rabi Shlomo bem Yitschak, nasceu em Troyes, na França, foi um sábio da Torá e um de seus principais comentadores. É conhecido como "Mestre de todo o Povo de Israel" e "irmão da Torá" por seus comentários eruditos.
[115] Cf. a versão brasileira: YITSCHAK, Rabi Shlomo. *Torá Rashi*: Sefer Bereshit: Gênese. Comentários de Rashi, traduzido e anotado por Yaacov Nurkin com Haftarot Trazudidas e Targum Onkelos. São Paulo: Mayaanot, 2018.
[116] Um Midrash é uma forma narrativa que aparece no século 1 a.C. e que é compilado posteriormente (por volta de 500 d.C.) e se trata de uma espécie de exegese/hermenêutica que busca o sentido do texto bíblico, suas histórias subjacentes e ocultas.

de Isaac, criado nos 7 dias, e, portanto, primordial, foi *esfolado* e Abraão dizia: Deus, veja que estou o matando *como se* fosse meu filho, Você deve ver como se meu filho fosse abatido na sua frente[117].

O que Lacan retoma é que esse mito demonstra que Moisés sacrifica não apenas um cordeiro, mas o "ancestral epônimo, Deus de sua raça"[118]. Esse cordeiro não é apenas um substituto de Isaac, mas uma representação de Deus (ancestral provável da raça de Sem, como Lacan assinala).

Maimônides explica que os hebreus sacrificavam o cordeiro em contraposição, para marcar uma diferença radical à idolatria dos egípcios[119]. Nesse ponto, do sacrifício do cordeiro, marca-se, para Lacan, um corte radical entre o gozo de Deus e seu desejo.

A marca que produz uma hiância radical entre o gozo e o desejo se transmite a partir do pacto da circuncisão, desse pequeno objeto de carne extraído do corpo e que significa a lei. Assim, não é mais a origem biológica que circunscreve aqueles que pertencem ao povo hebreu, mas o pacto e a aliança através da circuncisão. Essa queda da *origem biológica*, tão usual na época para definir um povo, para Lacan, tem a ver com o sacrifício do cordeiro primordial.

Nada obstante, em Freud a ancestralidade comum do animal totêmico aparece como uma forma de delinear um clã. De tal modo vemos em Freud,

> Compreendemos apenas que o papel do totem (animal) como ancestral é aí levado bastante a sério. Todos que descendem do mesmo totem são parentes sanguíneos, são uma família, e nessa família os mais remotos graus de parentesco são vistos como obstáculo absoluto à união sexual[120].

---

[117] Cf. TANCHUMA, Midrash. *Townsend 1989 translation of Midrash Tanhuma*. S. Buber Recension. Edited and supplemented by R. Francis Nataf. Versão de 1989, shlach 14. Disponível em: <https://www.sefaria.org/Midrash_Tanchuma>. Acesso em: 23 fev. 2023.

[118] LACAN, op. cit. p. 85.

[119] Cf. DICHI, Isaac. *A fonte da vida*. Congregação Mekor Haim, 2005.

[120] FREUD, Sigmund. "Totem e Tabu", 1912/1913. *In:* _____. *Totem e Tabu, Contribuição à história do movimento psicanalítico e outros*. Companhia das Letras, 2012, p. 14.

Então, o que Lacan assinala é uma passagem do gozo ao desejo, a partir não de uma ancestralidade totêmica comum (o cordeiro), mas de seu assassinato, que marca, para El Shadai, a prova de que Abraão teria sacrificado seu filho, mas que o substitui pelo assassinato do Deus epônimo. E para as gerações posteriores à da aparição de El Shadai, Deus pode aparecer sob o nome YHVH, impronunciável, que colapsa a temporalidade (fui, sou, serei) e que transmite mais o pacto por meio da lei simbólica do que qualquer história de ancestralidade comum.

Há, então, uma sequência lógica que podemos organizar em relação aos nomes do pai. Destaquemos que se mudam e se pluralizam os nomes, mas Lacan insiste nesse momento no pai comum, afinal ele coloca Deus no registro do real.

Poderíamos estabelecer a seguinte sequência lógica:

a) Deus no registro do real, impossível.
b) Cordeiro, que implica o sujeito ao gozo de Deus, como nas tradições que Lacan referencia: metafísico-sexuais que buscam o gozo de Deus nas festas e nos rituais.
c) ~~Cordeiro~~ barrado. Seja pelo assassinato que Abraão realiza pelo ato, seja pela retirada do chifre, como Lacan alude ao uso do *shofar*, no qual o objeto é retirado do cordeiro e se transforma na voz de Deus. O Outro é barrado de seu gozo, castrado, há uma perda e da lei surge o desejo. Além disso, a *origem biológica* que delineava um povo passa para a lei por meio do pacto. Há um deslocamento que inicia no real e culmina no simbólico nesse circuito.
d) El Shadai (אל שׁדי.), o nome com o qual Deus se apresenta aos patriarcas, o Deus da promessa e que deseja, que possibilita que Abraão e Sara tivessem Isaac ao demonstrarem o pacto por meio da lei simbólica: o pedaço de carne, o prepúcio, extraído de todos os homens logo após o nascimento que marca o temor e a interdição.
e) YHVH, *Ehie Asher Ehie*, esse nome, que Lacan pontua de maneira precisa, não aparece aos *patriarcas*. Ele aparece a Moisés. O tetragrama colapsa a temporalidade e é impossível de adjetivar e de ser vocalizado. Em vez de "todo-poderoso", o "nome" ou o "grandíssimo", a ideia de YHVH é o impossível de

se dizer. É um suporte da *letra* em seu radical, o que de certa forma pode servir para barrar, esvaziar a demanda do grande Outro/Deus.

Há, claro, diversas outras possibilidades de nomeação de Deus na tradição judaica e em outras tradições. Mas o que percebemos em Lacan é que há uma espécie de deslocamento do real ao simbólico nos nomes do Pai. Além disso, cada nomeação inclui uma relação específica do sujeito com o Outro.

De um grande Outro que goza do sujeito ao grande Outro barrado, incompleto, que perde um objeto (o chifre), objeto este que se transforma na *voz* do grande Outro enquanto *supereu*. Grande Outro que por ser barrado, ao invés de gozar, deseja. Ou melhor, abre-se uma hiância, como Lacan afirma, entre o gozo e o desejo. Seria esse o *mito originário* de Lacan sobre a neurose? Seria a passagem de El Shadai para YHVH uma tentativa bastante neurótica de conter o desejo, por meio do esvaziamento da demanda, de Deus, demasiadamente exigente, colapsando seus atributos e temporalidade, reduzindo-o à letra e o imobilizando?

O chifre retirado do cordeiro primordial, que incompleta, castra o Deus que goza, transforma-se no *shofar*, o que reitera o objeto voz que cai de Deus e é transmitido ao sujeito enquanto mito. Jean-Michel Vives enfatiza o objeto voz que materializa a perda de gozo

> O grito do pai, ferido de morte, não se apaga, e seu urro ainda se faz ouvir no som do shofar, como resto vocal desse assassinato. O traço de uma voz, em que subsiste o gozo do pai, é necessário para fazer dele a origem da palavra, a fim de que a lei e o desejo tomem o lugar do gozo. Essa voz, resto e lembrança do estertor paterno, não desaparece uma vez a lei instaurada: ela é necessária como suplemento irredutível da lei [...]. Pelo shofar, a voz se torna enunciação: ela é, assim, tornada operante. O dito se transforma, então, em dizer. Sem essa dimensão do gozo ligada à voz, a lei permaneceria letra morta, como mostra o desaparecimento de diversos códigos próximos àquele promulgado por Deus no Sinai[121].

---

[121] VIVES, Jean-Michel. *A voz no divã*. Traduzido por Mário Sagayama. São Paulo: Aller, 2020, pp. 90-91.

É curiosa ainda a intensidade com a qual a relação da letra como suporte do nome próprio — que poderíamos pensar em uma função que condiciona o ser falante à perda de gozo — adquire na tradição judaica: desde a mudança de destino que Deus impele a Abraão (Abram, até esse momento): "Você não mais será chamado Abram, Seu *nome* será Abraão" (Gênesis, 17:5)[122], isso porque agora usará o acróstico do seu nome (*av hamon*), *pai de muitos, de uma multidão de nações*; passando por rituais que enfermos graves estabelecem para trocar o nome próprio e tentar se curar e, assim, alterando o próprio fado; até a indicação que aparece no *Pirkê Avot*, na Ética dos Pais, de que o mais elevado dos mundos, tão sagrado que nem mesmo os anjos podem adentrar, é preenchido somente com "Nomes Divinos"[123].

Lacan diz que foi perante o Deus de Moisés[124] que a pluma de Freud parou. Foi também nesse ponto que o seminário de Lacan interrompeu e que ele decidiu e anunciou não retomar o tema dos nomes do Pai nunca mais, ao menos de maneira direta. Essa decisão o influenciou de muitas formas, inclusive na maneira de pensar sua Escola, a excomunhão, o passe[125]. Não há abolição da ideia de pai no próprio funcionamento de sua Escola, e quando ele decide dissolvê-la, o faz como um *pai severo*, homofonia de que *perseveraria*.

Porém, ele voltou ao tema dos nomes do Pai em diversos outros momentos. No final de seu ensino, dedica um seminário inteiro ao **Les non-dupes erren** (Os não tolos erram) e ainda revisitou o tema ao comentar sobre as *pai-versões*, ou versões do pai, fazendo homofonia com a perversão (*pére-version*).

---

[122] YITSCHAK, Rabi Shlomo. *Torá Rashi*: Sefer Bereshit: Gênese. Comentários de Rashi, traduzido e anotado por Yaacov Nurkin com Haftarot Trazudidas e Targum Onkelos. São Paulo: Mayaanot, 2018, p. 69.
[123] Cf. PIRKÊ AVOT: Ética dos Pais**.** Rabino Moshe bem Maimon. Tradução Alice Frank, comentado por Maimônides. São Paulo: Maayanot, 2014, p. 122.
[124] "O homem Moisés e a religião monoteísta" foi escrito em 1939 e é um dos últimos textos de Freud.
[125] Sobre o tema da incidência da interrupção no movimento psicanalítico, Cf. GOLDBERG, Sidnei. "Notas sobre um seminário interrompido". *Correio da APPOA*, ago./2018. Disponível em: <https://appoa.org.br/correio/edicao/279/notas_a_respeito_de_um_seminario_interrompido/612>. Acesso em: 23 fev. 2023.

No seminário *Les non-dupes erren,* Lacan[126] volta a falar do Nome-do-Pai como interdição veiculada pelo Outro materno, a mãe. É ela que traduz esse *nome (nom)* por um não *(non)*, interdição que aparece no nível do dizer através da voz da mãe. Nesse ponto, relembra que Freud relaciona em seu texto "A psicologia das massas e a análise do eu" a *identificação* com o *amor*. Para Lacan, o *amor* se relaciona justamente e mais especificamente com o que ele isolou como *Nome do Pai*.

Lacan explica que esse *não* da interdição — o fundamento da negação — veicula a própria diferença entre os sexos, entre o homem e a mulher. O homem, que recebe o não através do Outro materno, recebe-o pela dupla via, de acordo com Lacan:

— "que todo homem não pode confessar seu gozo, quer dizer, em sua essência fálica"[127];
— "que todo homem, não chega se não, ao se fundar sobre esta exceção, de alguma coisa, o pai, enquanto proposicionalmente ele diz não à essa essência"[128].

O *todo* homem quer dizer o *todo* que se funda a partir da exceção à lei da castração, o todo é efeito da exceção com base na lógica. Ao dizer não através da voz da mãe, o que o Nome-do-Pai veicula e transmite é que *há Um* que é exceção, que poderia gozar de maneira livre da lei, e esse seria o pai, o que a transmite. O mito totêmico de *Totem e Tabu*[129] é o do pai da ordem primeva, o Outro que goza sem condicionar-se à lei. Assassinado, ele se transforma em Totem e veicula o Tabu, a lei de interdição ao incesto. Já o mito ao qual Lacan refere é o do Sacrifício de Isaac, no qual o Deus totêmico é assassinado, barrado, e sua lei, a da circuncisão, é transmitida pelo pacto através das gerações, e, portanto, da lei, há uma negativização, uma barra ao gozo, fazendo o desejo advir.

---

[126] LACAN, Jacques. *Os não-tolos erram/Os nomes do pai: seminário entre 1973-1974* [recurso eletrônico]. Tradução e organização de Frederico Denez e Gustavo Capobianco Volaco. Porto Alegre, RS: Editora Fi, 2018, p. 180.
[127] Ibid., p. 180.
[128] Ibid., p. 180.
[129] FREUD, op. cit.

O INCONSCIENTE É ESTRUTURADO COMO UMA LINGUAGEM

Nesse ponto do Seminário 21, Lacan faz uma referência ao momento histórico e contemporâneo, em que haveria uma ideia de que o social poderia substituir o Nome-do-Pai pelo nomear-a, ser nomeado a alguma coisa, de maneira direta. Como se algum modelo social tecno-biológico pudesse fazer a função de nomeação de maneira direta. Todo problema da aposta nessa nomeação direta é, para Lacan, explicado pela sua ideia *de ex-sistência*. A ex-sistência presume a impossibilidade do emparelhamento, se uma coisa ex-sistê a outra, é porque não pode ser emparelhada *(couplê)*, mas *troisé*[130]. O emparelhado supõe o dual e o *troisé* o triádico. O nominalismo se serve da transmissão de um modo de ascender ao desejo através da lei, e não apenas de uma nomeação enquanto designação que se estabiliza na representação. Essa ideia de prescindir da função do pai enquanto terceiro de uma maneira abrupta, costumeiramente produz o retorno de um pai não localizado, que tenta encarnar o primevo — não barrado em seu gozo —, como tantas vezes visualizamos na política. Que o pai seja interrogado no real tem a ver com o se servir, como o sujeito serve-se de sua versão do pai, de seu modo de desejar.

Nessa ocasião do Seminário 21, o que Lacan presume é que a questão do Nome-do-Pai não é simplesmente uma nomeação que implica na *significação*, o nomear-a, talvez uma ilusão tecnocrática da contemporaneidade, um dar nome com uma significação que se signifique a si mesma, uma designação que fosse completa. O Nome-do-Pai, por consequência lógica, nomeia, dá um nome próprio que é transmitido e impossível de se traduzir, portanto, um significante, que é recalcado como S1, como traço unário que marca o sujeito. Mas a consequência lógica de sua nomeação é justamente o *triádico*, o que coloca o Pai como terceiro, um nome.

---

[130] Feita a três. Lacan usa um neologismo para apontar o triádico dos três registros, simbólico, real e imaginário.

131

Lacan usa o nó borromeano para explicar os três registros. Os três são independentes. Ao apagar qualquer um deles, os outros dois ficam independentes e se soltam. Os pares de cima estão emparelhados e os debaixo também, mas dependem do terceiro elo, do *troisé*, para se enodarem. Eles fazem nó por estarem as três argolas, e não apenas duas, enodadas. Por isso o rechaço que Lacan faz do nomear-a como uma relação diádica, emparelhada. A função do Nome-do-Pai inclui um terceiro, não uma designação direta, talvez sonho de uma "comunicação biunívoca". Mas, ainda assim, haveria como os três elos — pensados por Lacan para representar os registros Real, Simbólico e Imaginário — se soltarem, se desenodoarem.

No ano seguinte ao Seminário 21, no Seminário 22, intitulado R.S.I., em alusão aos três registros e fazendo homofonia à palavra *heresia*, Lacan fez referência a um quarto nó, o da nominação, com o qual ele trabalharia no ano seguinte, no Seminário 23. O *Nome-do-Pai*, desde Freud, é o que faz conjunção e mantém atados os três registros. Ele posiciona o pai em seu lugar. A interrogação, em Lacan, é se isso seria indispensável[132], e isso dá pistas sobre o valor de suplência que o conceito tem em Lacan, afinal, não seria o nome do pai como artigo definido singular, mas os de forma plural, o que questiona seu caráter de nome *universal*.

---

[131] LACAN, Jacques. *Os não tolos erram/Os nomes do pai: seminário entre 1973-1974* [recurso eletrônico]. Tradução e organização de Frederico Denez e Gustavo Capobianco Volaco. Porto Alegre, RS: Editora Fi, 2018, p. 180, p. 174.

[132] Cf. LACAN, Jacques. *R.S.I. O Seminário 22 (1974/1975)*. [versão lacanempdf, inédito]. s/a., p. 32.

O INCONSCIENTE É ESTRUTURADO COMO UMA LINGUAGEM

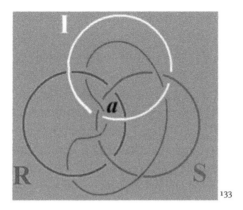

Esse é o quarto nó do qual os três outros dependem para ficar atados, ainda que o simbólico ou o imaginário se soltem, tendo o *objeto a* em seu centro como no toro. Em seu Seminário 22, Lacan introduziu o quarto nó como o Nome-do-Pai e como a *nominação,* conceito que gera bastante entrave entre os lógicos. Ao evocar o nominalismo a partir da questão do referente, Lacan refuta Russel,

> As descrições russelianas que se interrogam sobre o autor, aquelas que se perguntam quanto à legitimidade e fragilidade lógica de se interrogar quanto ao fato de ser Walter Scott, sim ou não, o autor de Waverley[134]; parece que essa referência concerne expressamente o que se individualiza do suporte pensado dos corpos. Não é, entretanto, nada assim. A noção de referente visa o Real.[135]

Contextualizando a questão: Russel escreve refutando as teorias nominalistas, que há um objeto real (referente). A questão é como é descrita de maneira *particular* (como Lacan assinala, o suporte

---

[133] LACAN, Jacques. *R.S.I.* 1974-1975, p. 107. Disponível em: <http://staferla.free.fr/S22/S22%20R.S.I..pdf>. Acesso em: 23 fev. 2023.
[134] Waverley foi um romance histórico escrito em 1814, publicado inicialmente de forma anônima e assumido posteriormente pelo escritor, dramaturgo e historiador escocês Walter Scott.
[135] LACAN, Jacques. *R.S.I. O Seminário 22 (1974/1975).* [versão lacanempdf, inédito]. s/a., p. 69.

83

pensado dos corpos). Haveria, então, nas palavras de Russel, um "conhecimento abstrato e universal no qual não entram os acidentes da história particular"[136], certa ontologia dos universais, que o coloca no campo dos realistas, contrário aos nominalistas.

Por isso Lacan vai afirmar que a questão não é verificar a legitimidade ou fragilidade lógica de se perguntar quem é o autor do romance histórico *Waverley*[137] (referente), mas que a noção do referente visa o Real[138]. Acrescentaríamos: sobretudo o real da não relação entre os sexos, do que se produz quando o sujeito busca no parceiro o *objeto a* e responde à não correlação por meio de seu *sintoma* ou pela via da *devastação*.

O ponto central é que a *nominação* porta um índice do simbólico, **N(s)**, uma indicação, como Lacan descreve. Não é no *fiat lux* inaugural que está a nominação, no "faça-se a luz" com o qual Deus faz surgir a luz em Gênese, é num segundo tempo. Deus dá seu nome a *cada um* dos animais que povoam o Paraíso. Esse segundo tempo, contado miticamente, se trata de uma *nominação* estritamente simbólica.

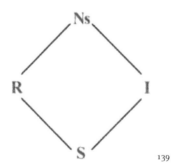

[139]

---

[136] RUSSELL, B. *Os problemas da Filosofia.* Tradução de Jaimir Conte. Oxford University Press paperback, 1959. Disponível em: <https://conte.prof.ufsc.br/txt-russell.pdf>. Acesso em: 23 fev. 2023.
[137] Cf. nota de rodapé 130.
[138] LACAN, op. cit.
[139] LACAN, Jacques. *R.S.I. 1974-1975*, p. 108. Disponível em: <http://staferla.free.fr/S22/S22%20R.S.I..pdf>. Acesso em: 23 fev. 2023.

O mote, para Lacan, não é exatamente estabelecer qualquer mito criacionista que derrogue ou estabeleça diferentes universais ou mitologias, mas pensar se é o Nome-do-Pai que se transmite — a partir de uma nominação enquanto índice da lei — um universal ou se ele pode ser relativizado, interrogado no nível do *real*. Se não é no nível do real que a noção que o pai deva ser interrogado. Apesar desse deslocamento, do simbólico ao real, isso já estava estabelecido no seminário interrompido, como comentamos anteriormente.

Se Deus concerne ao registro do real e a lei se estabelece a partir de um simbólico do qual aquele que nomeia não faz parte, pois está no real, então, por consequência lógica, é no nível do real que Lacan vai questionar o Nome-do-Pai, a partir do *sintoma*. Se o real retorna sempre ao mesmo lugar e se trata do impossível da modalidade lógica, ele não se trata da realidade ou do mundo, tampouco do *universal*[140].

Podemos situar que a interrogação sobre o pai no nível do real se inicia com a pluralização dos nomes do pai (por meio de diferentes nomes e versões de Deus) e encontra uma via concreta no Seminário 23[141], quando Lacan destaca a pai-versão (homófono a perversão) e, portanto, como o sujeito se serve de e estabelece uma versão do pai.

1.8. Pai-versão, perversão, versão do pai

No Seminário 23, sobre o *Sinthoma*[142], Lacan vai dizer que a *perversão* se trata apenas da versão em *direção ao pai*[143] e que o pai é um sintoma, em outras palavras, um modo de amarrar e estabilizar os três registros: Real, Simbólico e Imaginário. Porém, no Seminário 22, Lacan já indicava a versão do pai como um modo, um modelo de fazer função da *exceção*.

---

[140] LACAN, Jacques. "A terceira". *In*: _____. *Textos complementares ao Seminário 22, R.S.I. (1974)*. Tradução Luc Matheron. Edição não comercial destinada aos membros do Fórum do Campo Lacaniano, 2022.
[141] LACAN, Jacques. *O Seminário, livro 23*: o Sinthoma. Texto estabelecido por Jacques Allain-Miller. Tradução Sergio Laia. Rio de Janeiro: Zahar, 2007.
[142] Lacan adota a antiga forma latina da palavra francês, com h.
[143] LACAN, op. cit. p. 21.

A ideia de *exceção* é a baseada no mito do pai da ordem primeva: para todo homem sujeito à lei da castração, é preciso que um escape, que um não seja sujeito à lei da castração. Esse *há Um que escapa* da lei da castração, no mito freudiano, aparece com o pai da ordem primeva. Essa é a *exceção* que funda a regra e, portanto, o modelo com o qual cada um do conjunto *Homens* irá se estabelecer. É esse o pacto que está na bíblia antiga, sublinhado por Lacan: não é mais a origem biológica comum ou noções de pertencimento ao clã, mas a veiculação da lei da castração a partir *de um* que não está sujeito a ela, mas que é nomeado por um Nome que barra seu gozo. Isso é atualizado e transmitido por cada pai, para Lacan, a partir de um modelo e de uma função.

Para Lacan, "é preciso que qualquer um possa ser exceção para que a função da exceção se torne modelo"[144]. Porém, a recíproca não é verdadeira, a recíproca seria o estado ordinário e, efetivamente, qualquer um chega à função de exceção que tem o pai desde que realize uma *Verwerfung*, uma foraclusão, do Nome-do-Pai. Diferentemente da foraclusão da psicose, é preciso, enquanto condição da neurose e, portanto, do Nome-do-Pai, que seja transmitido que *qualquer um* pode ser aquele que escapou à castração, que é a *exceção*. Aliás, isso é muito evidente na cultura e na clínica, pelos ciúmes e comparações, por exemplo. Os homens costumeiramente relatam que *há Um* que é perfeito, que tem o melhor carro, sapato, profissão, mulher, família. Esse é o *há Um que escapou* na psicopatologia da vida cotidiana.

Bem, Lacan vai dizer, então, que a função do pai só vai ser estabelecida se ela transmitir a relação deste com seu *objeto a*, objeto causa do desejo, uma mulher:

> Um pai só tem direito ao respeito, ao amor, se o-dito amor, o-dito respeito, estiver, vocês não vão acreditar em suas orelhas, *père-vertidamente* (pai-vertidamente[145]) orientado, isto é, feito de uma mulher, *objeto pequeno a* que causa seu desejo.

---

[144] LACAN, Jacques. *R.S.I. O Seminário 22 (1974/1975)*. [versão lacanempdf, inédito]. s/a., p. 23.
[145] Parênteses nosso: Lacan faz uma homofonia entre pervertidamente, *père-vertidamente*, ao condensar o pai e a perversão.

Mas o que essa mulher acolhe, se posso me exprimir assim, não tem nada a ver com a questão. Do que ela se ocupa, são os outros *objetos pequeno a*, que são as crianças junto a quem o pai então intervém, excepcionalmente, no bom caso, para manter na repressão, dentro do justo Semi-Deus, se me permitem, a versão que lhe é própria de sua pai-versão[146].

Essa figura do semi-Deus é forjada porque o pai deve atualizar essa função, atualizar que ele ocupe o lugar de exceção diante do filho. Ele precisa realizar um *tipo* para ocupar o lugar de modelo dessa função e transmitir a regra que inclui sua exceção. Não é o pai que deve crer que ele mesmo seja a exceção, mas transmitir na própria relação com seu *objeto a* que ele é o terceiro que veicula a interdição e, portanto, escapa desta. Já a mãe, como Lacan diz, não está ocupada com essa questão, mas com os outros *objetos pequeno a*, as próprias crianças. O pai-pessoa intervém, assim, para manter a repressão e se apresentar a partir de uma versão particular, sua própria versão, *pai-versão*. Ele a transmite muito mais pelo que não diz do que pelo que diz.

Isso não tem nada a ver com um modelo de pai educador. Aliás, Lacan vai dizer, baseado em um artigo sobre Schreber, que não há nada pior que um pai-educador que quer proferir leis sobre qualquer coisa: "melhor aposentado que qualquer magistério"[147]. O que se transmite é o não dizer: "que não se veja, afinal, de imediato, do que se trata naquilo que ele não diz"[148]. E, por consequência, o que se transmite no não dizer é justamente o que resulta no sujeito dividido pela linguagem, que aparece nos intervalos do dizer e do dito. Esse não dizer convoca o sujeito a advir, a aparecer, a recolher os nomes primeiros que precedem sua aparição. Em uma análise, são esses nomes próprios que em algum momento serão colocados em questão.

No Seminário 23, Lacan elucida que a perversão à qual ele se refere não deve ser tratada exatamente como a estrutura perversa, mas como a forma que o não saber sobre o sexual é transmitida:

---

[146] LACAN, op. cit., p. 23.
[147] Ibid., p. 23.
[148] Ibid., p. 23.

"toda sexualidade humana é perversa, se acompanhamos bem o que diz Freud. Ele nunca conseguiu conceber a tal sexualidade sem ser perversa, e é justamente nesse aspecto que interrogo a fecundidade da psicanálise"[149]. Interrogação porque a psicanálise não conseguiu inventar outra perversão que Lacan averigua como uma condição do homem.

Porém, é com o escritor James Joyce que Lacan vai propor outra saída, outro nome ao quarto elo enquanto Nome-do-Pai, justamente o que ele vai nomear de *sinthoma*[150] (com h). Joyce teria apresentado a Lacan e à psicanálise uma outra possibilidade diante da versão-do-pai que encarna o Nome-do-Pai. Essa outra possibilidade faria a suplência do Nome-do-Pai. Em seu Seminário sobre o *Sinthoma*, Lacan diz que o Nome-do-Pai é o Pai do Nome e, portanto, que a nomeação depende dessa operação de nominação, algo que já encontrávamos no seminário anterior.

Isso não quer dizer que Joyce não tivesse pai, pelo contrário, Lacan diz que Joyce era sobrecarregado de pai[151], sobrecarregado no sentido literal do termo. Ele não apenas cria, estabiliza e faz sua família existir, mas a torna ilustre, como podemos ver, e Lacan assinala no final de "Um retrato do artista". A obra *O retrato de um artista quando jovem* se trata do primeiro romance do escritor, uma espécie de *romance de formação* autobiográfico. A passagem que Lacan cita no início de seu Seminário 23, "*the uncreated conscience of my race*"[152] (a incriada consciência de minha raça) para exemplificar essa subsistência — criação de sua família na obra — é exatamente o interesse da dimensão de *sinthoma* enquanto criação. A não criada existência de sua raça se transforma na missão de Joyce, missão que empreendera pela escrita.

---

[149] LACAN, Jacques. *O Seminário, livro 23*: o Sinthoma. Texto estabelecido por Jacques Allain-Miller. Tradução Sergio Laia. Rio de Janeiro: Zahar, 2007, p. 149.
[150] *Sinthoma* é a grafia antiga de sintoma no francês, como Lacan aponta no mesmo seminário. Lacan diferencia o sintoma do *sinthoma* a partir do modo como Joyce teria feito suplência ao Nome-do-Pai e, portanto, inventado um *sinthoma*.
[151] LACAN, op. cit., p. 23.
[152] JOYCE, James. *A Portrait of the Artist as a Young Man*. The Project Gutenberg eBook. 2020. Disponível em: <https://www.gutenberg.org/files/4217/4217-h/4217-h.htm#link2HCH0005>. Acesso em: 23 fev. 2023.

Esses são os parágrafos que fecham essa autobiografia de formação de Joyce:

> Mamãe está colocando minhas novas roupas de segunda mão em ordem. Ela reza, agora, ela diz que eu aprenda na minha própria vida e longe de casa e dos amigos o que é o coração e o que ele sente. Amém. Que assim seja. Bem-vinda, ó vida! Eu vou ao encontro pela milionésima vez da realidade da experiência para forjar, na forja da minha alma, a consciência incriada da minha raça. Abril, 27. Velho, pai, velho artífice, mantém-me, agora e sempre, em boa posição[153].

Todo o desdobramento de Lacan sobre Joyce paira em torno de como a arte pode instaurar uma dimensão eficiente de *sinthoma* que estabilize os três registros, Simbólico, Real e Imaginário, sem que estes sejam amarrados pelo Nome-do-Pai. Se há foraclusão do Nome-do-Pai, se a nominação de alguma forma falhou, haveria uma possibilidade de pensar em outro sintoma que não o da neurose, mas o *sinthoma*.

A partir desse paradigma, há duas noções fundamentais que se destacam: uma tem a ver com a clínica das psicoses e a outra com o fim de uma análise. Se do lado das psicoses poderíamos pensar em um quarto elo que estabiliza os três registros pela via do *sinthoma* (no caso de Joyce, pela escrita), do lado do fim de uma análise poderíamos pensar que é possível prescindir do Nome-do-Pai, mas com uma condição sem a qual não, que nos sirvamos dele: "a psicanálise, ao ser bem-sucedida, prova que podemos prescindir do Nome-do-Pai. Podemos sobretudo prescindir com a condição de nos servirmos dele"[154].

Nos servirmos não é qualquer coisa e remete ao banquete totêmico: para *prescindir*, a condição de se servir depende do comer totêmico, do "incorporar", para também tornar-se modelo, *semi-Deus* no sentido daquele que veicula uma regra que comporta sua exceção: há Um que escapa. É o há Um que convoca o sujeito a advir

---

[153] Ibid. *tradução nossa.*
[154] LACAN, Jacques. *O Seminário, livro 23*: o Sinthoma. Texto estabelecido por Jacques Allain-Miller. Tradução Sergio Laia. Rio de Janeiro: Zahar, 2007, p. 134.

pela nominação, que serve como significante mestre, jamais acessível diretamente.

Porém, não ser acessível diretamente não impossibilita que em uma análise haja uma queda, um reviramento, uma *desidentificação* desse significante mestre que ordenava todos os outros. Aliás, um dos trabalhos de uma análise é que significantes mestres, através de nomes próprios, possam ser colocados em questão, sobretudo quando o analisante se depara com o seu *sem sentido*. Nomes próprios que servem de baliza, por exemplo, para doença, casamento, filiação, religião: nomes próprios *sem-sentido* anterior que comportam, estabilizam diversos sentidos e os solidificam, pavimentam uma trama simbólica inconsciente, tão evidente no *não penso* inconsciente. O inconsciente, como saber não sabido, é referenciado por esses significantes. O significante primordial, mestre, S1 é o "você é" convocado por uma voz que, assim como os nomes que elencamos no subcapítulo sobre os Nomes-do-Pai, ressoa no corpo de um bebê no qual se presume, espera, convoca que um sujeito advirá.

Nesse sentido, o "eu sou isso", o significante "identicamente idêntico" que, depois de um primeiro momento — o da nominação —, é impossível de se repetir e de reaver, o sujeito irá responder a esse impossível por meio de uma divisão entre o "eu não penso" e "eu não sou". Do lado do "eu não penso" há o saber não sabido, o inconsciente praticamente parasitário, chato, repetitivo. E do lado do "eu não sou" há o ser falante que, atravessado e barrado pela linguagem, é incompleto, pois algo que lhe falta, o objeto pequeno a que encontra suporte na voz (invocante) e no olhar (escópico), além de oral, anal, fálico, objeto causa do desejo, que ele terá que procurar em seu parceiro, imaginarizado no corpo do Outro.

O ponto é que essa nominação, através do Nome-do-Pai recebido e realizado, se transforma no próprio sintoma do sujeito, na solução de compromisso entre seu desejo e a impossibilidade de realizá-lo. Por isso, em um ponto da análise dos neuróticos, esse Nome-do-Pai é interrogado. Apesar de Lacan não ter pensado em uma alternativa a ele, vai dizer que o neurótico pode prescindir do Nome-do-Pai (não do sintoma), com a condição de se servir dele. Servir-se para transmitir.

Mas Joyce sofre do que Lacan[155] chamou de carência do pai, houve algo que não se realizou e que não se transmitiu da nominação, assim, o Nome-do-Pai não enodou os três registros. Mas Joyce estabilizou, para Lacan, os três registros. Toda sua arte é testemunha disso. A passagem que transcrevemos de *O retrato de um artista quando jovem* diz exatamente de um pai *artífice*. Mas uma das viradas importantes é justamente que Joyce tem de fazer, forjar o *artificier*, essa é a empreitada que ele realiza por meio da escrita. O outro modo de chamar o quarto elemento que estabiliza os outros três, que testemunhamos em Joyce, Lacan vai chamar de *sinthoma*.

---

[155] Ibid., p. 94.

2. JOYCE, O SINTHOMA

James Joyce foi um escritor, romancista e poeta irlandês que, embora tenha vivido uma boa parte da própria vida fora de sua terra natal, em grande parte de seus escritos contextualizou o ambiente dublinense. Ficou conhecido majoritariamente pelas obras *Dublinenses* (1914), *Retrato do Artista Quando Jovem* (1916), *Ulisses* (1922) e *Finnegans Wake* (1939) e pelo estilo próprio de escrita, repleto de criatividade e no qual abundam neologismos.

Para Lacan, Joyce desvela um artifício que é da ordem do *savoir-faire*, do saber-fazer. O saber-fazer não é da ordem do conhecimento e tampouco do sentido. Essa é a diferença radical entre duas vias fundamentais, uma do *conhecimento* e a outra do *saber-fazer*.

A via do conhecimento é a implicação e o horizonte de consistência e estabilidade do sentido, sempre enganoso, que comporta certa gravitação ao *ato* sexual. Lacan[156] dá o exemplo da própria palavra ato como indicativa da bipolaridade ativo-passivo. A dimensão do conhecimento é sempre referenciada por uma atividade. Esforçamo-nos para conhecer, conhecer e conhecer de uma maneira ativa. Porém, há um paradoxo que comporta a não relação entre o conhecimento e o sexual, pois o que a psicanálise testemunha é a radicalidade da *opacidade sexual*. Aliás, em "A terceira"[157], Lacan radicaliza o argumento e diz que o coito com o mundo, a relação de S1, o sujeito representado pelo significante para o saber, S2, se trata de *vaidade*,

---

[156] LACAN, Jacques. *O Seminário, livro 23*: o Sinthoma. Texto estabelecido por Jacques Allain-Miller. Tradução Sergio Laia. Rio de Janeiro: Zahar, 2007, p. 62.
[157] LACAN, Jacques. "A terceira". In: _____. *Textos complementares ao Seminário 22, R.S.I. (1974)* Tradução Luc Matheron. Edição não-comercial destinada aos membros do Fórum do Campo Lacaniano, 2022.

"pois não há nada mais no mundo do que um objeto a, bosta ou olhar"[158], que *racha* o sujeito e estabelece a fantasia.

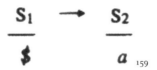

Assim é o efeito do discurso do mestre, como Lacan o formalizou no Seminário 17[160] através do matema disposto na figura anterior. Enquanto o efeito da tentativa de cópula entre S1 (agente) e S2 (Outro) produz-se, resulta o *objeto a*, causa do desejo, suportado pela voz, olhar, bosta, no qual o sujeito se fantasia nesse dejeto que resta e que no corpo ex-iste e funciona como uma espécie de exterioridade, por isso o sujeito vai buscá-lo no corpo do Outro, "em *ti* mais que *tu*"[161]. O sujeito dividido, "rachado", paira enquanto lugar da verdade desse discurso, mas paira de forma latente, no quadrante esquerdo inferior.

Se há a radicalidade da opacidade sexual, o sexual não funda qualquer relação, mas o próprio traumático, o *troumatisme*. *Troumatisme* é uma condensação entre *trou* (furo) e traumatismo que Lacan inventa no Seminário 21[162].

O *troumatisme* é um truque que cada um inventa para tentar preencher o buraco no real, no real da não relação sexual. Esse truque, essa resposta à angústia que tem como efeito o recalcamento primordial, estabelece o *sintoma*, repetição lançada como resposta à angústia da não relação; e o *fantasma*, a fantasia inconsciente, $◊a,

---

[158] Ibid., p. 47.
[159] LACAN, Jacques. *O Seminário, livro 17*: O avesso da psicanálise 1969-1970. Texto estabelecido por Jacques-Alain Miller. Rio de Janeiro: Zahar, 1992, p. 27.
[160] Ibid.
[161] Título com o qual Lacan abre a última aula do Seminário 11, sobre o objeto a. Cf. LACAN, Jacques. *O Seminário, livro 11*: os quatro conceitos fundamentais da psicanálise, 1964. Texto estabelecido por Jacques-Alain Miller. Rio de Janeiro: Zahar, 1985.
[162] LACAN, Jacques. *Os não-tolos erram/Os nomes do pai: seminário entre 1973-1974* — livro 21 [recurso eletrônico]. Tradução e organização de Frederico Denez e Gustavo Capobianco Volaco. Porto Alegre, RS: Editora Fi, 2018, p. 144.

uma lógica com a qual cada sujeito dividido pode se relacionar com o objeto que causa seu desejo de forma dissimétrica.

Mas essa resposta é um truque. Um truque que implica ainda um saber não sabido, o próprio inconsciente. Lacan vai dizer também que é preciso ser tolo — se referindo a Sacher Masoch — para inventar algo dessa resposta ao Real como uma espécie de masoquismo originário. Que o neurótico seja tolo, através do truque, é condição para que possa gozar de seu sintoma. Por isso *Les non dupes errent*, os não tolos erram, faz homofonia com "os nomes do Pai", pois há outra forma de, diante do gozo do Outro, estabelecer seu sintoma. O gozo do real não é obrigatoriamente prazeroso e o masoquismo é tal gozo por excelência.

A questão aí não é o Pai (que não pluraliza), mas como cada um inventa o sintoma enquanto resposta ao real. Para que seja a partir do masoquismo, do poder *gozar a partir da posição de objeto*, como Freud organiza enquanto paradigma da fantasia em seu "Bate-se em uma criança"[163], é preciso que o sujeito tope se fazer tolo do Outro, e não espertalhão. Aliás, o percurso e o fim de uma análise têm a ver com a dimensão desse "se fazer tolo, tapeado": de um lado, atravessar a fantasia e de outro deixar cair a dimensão de sentido que a identificação ao Pai e a nominação produziram.

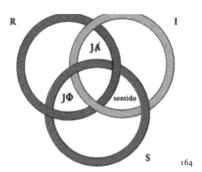

[164]

---

[163] FREUD, Sigmund. "Bate-se numa criança: contribuição para o estudo da origem das perversões sexuais", 1919. *In:* _____. *Neurose, Psicose, Perversão*. Tradução de Maria Rita Salzano Moraes. Belo Horizonte: Autêntica Editora, 2016.
[164] LACAN, Jacques. *O Seminário, livro 23*: o Sinthoma. (1975-1976) Texto estabelecido por Jacques Allain-Miller. Tradução Sergio Laia. Rio de Janeiro: Zahar, 2007, p. 54.

Na figura anterior, podemos ver o esquema RSI como aparece no Seminário 23, a partir das três formas de gozo que estabelecem os campos centrais dos elos: o gozo (*jouissance*, por isso o J na imagem e o Φ, phi) fálico, o gozo do sentido e o gozo do Outro barrado (A barrado)[165]. No centro dos três registros há o objeto a, causa do desejo.

Lacan coloca o objeto a no centro dos três toros, elos que organizam o esquema RSI, por se tratar do objeto que faz o "núcleo elaborável do gozo"[166]. Para entendermos o *gozo fálico*, que se situa entre o Simbólico e o Real como fora-do-corpo, Lacan o distingue do gozo peniano, que tem a ver justamente com o imaginário, com o gozo do duplo e do corpo enquanto suporte imaginário. O gozo fálico é o que consegue conjugar a fala e o gozo do falo, parasitário por excelência e enquanto consequência da própria fala. Portanto, o gozo fálico faz certo contrabalanço ao sentido.

Em "A terceira", Lacan diz que o sintoma é a irrupção do gozo fálico, que desabrocha a não relação sexual[167]. É pela via do sintoma que identificamos esse real da não relação sexual do qual do gozo fálico dá notícias. Lacan faz diversas referências ao gozo fálico, ora considerado o gozo masturbatório, ora o gozo do idiota[168], e chega a designar S1 como o significante do gozo mais idiota, porém, que cumpre sua função de referência enquanto gozo mais singular[169]. Essa qualidade de "idiota" cremos que Lacan empresta ao gozo fálico justamente pelo significado antigo da palavra idiota, ἰδιώτης, usado de forma pejorativa na antiguidade grega para se referir ao cidadão privado, apartado da vida pública e política da pólis, autorreferenciado. Isso dá a dimensão fantasmática e masturbatória do gozo fálico. No Seminário 23, Lacan define o gozo fálico como o lugar do

---

[165] O matema do gozo Outro tem duas variações na obra lacaniana: o JA gozo Outro, e o gozo do Outro barrado. O Outro barrado é uma consequência lógica da afirmação lacaniana de que não há Outro do Outro, portanto, não há oposição ao simbólico.

[166] LACAN, op. cit., p. 53.

[167] LACAN, Jacques. "A terceira". In: _____. *Textos complementares ao Seminário 22, R.S.I. (1974)* Tradução Luc Matheron. Edição não-comercial destinada aos membros do Fórum do Campo Lacaniano, 2022, p. 69.

[168] LACAN, Jacques. *O Seminário, livro 20*: Mais ainda. 1972-1973. Texto estabelecido por Jacques-Alain Miller. Rio de Janeiro: Zahar, 1985, p. 109.

[169] Ibid., p. 127.

que "é em consciência designado pelo *falasser* como poder"[170]. Isso quer dizer que o gozo fálico advém e é veiculado pelo inconsciente, pela própria capacidade de conjugar a fala com esse gozo devido ao *falasser*. Nesse ponto fica bastante evidente o gozo fálico enquanto fora-do-corpo, como Lacan apontou no ano anterior[171], ancorado na intersecção entre o Real e o Simbólico. Ele é o gozo do "Um" da tentativa de completude que se autorreferencia.

O gozo do Outro, entre o Imaginário e o Real, é situado assim por ser o suposto gozo do corpo do Outro, gozo parassexuado, pois não há relação, então o gozo é da suposta mulher, simbolizada e imaginarizada pelo corpo do Outro do *todo fálico* (homem). E, do lado da mulher, como não há Outro do Outro, esse gozo precisa ser mediado pela fala de amor para ser possível.

Mas é nesse ponto demarcado pelo gozo do Outro que Lacan aponta que não há Outro do Outro, que ele demarca o Real no nó planificado: *o verdadeiro furo está aí*. Vejamos que pela intersecção ele não é recoberto pelo simbólico e, portanto, é impossível de se simbolizar e está fora do campo do sentido. Aliás, como Lacan sublinha, ele tampouco está como Outro do sentido, pois no *real* não há ordem da existência[172]. Esse é o ponto do *troumatisme*, do furo entre S1 e S2 que racha, divide o sujeito.

Se o gozo fálico é o *fora-do-corpo* e depende da fala, entre o Simbólico e o Real, o gozo do Outro, do qual o sujeito é gozado, é *fora-da-linguagem* (mas note-se, não deixa de ser efeito desta), situado entre o Imaginário e o Real. Resta o sentido, que Lacan não coloca como uma modalidade de gozo, através da notação J (*jouissince*), mas entre o Simbólico e o Imaginário enquanto uma espécie de simbólico imaginarizado.

Lacan faz uma referência à análise como uma emenda entre o imaginário e o simbólico na qual o analista poderá tornar o gozo possível, através de uma operação em que possa ouvir o sentido, através da condensação neológica *gouço-sentido* (*j'ouis-sens*), gozo-

---

[170] LACAN, op. cit., p. 55.
[171] Em "A terceira" (LACAN, op. cit.).
[172] LACAN, Jacques. *O Seminário, livro 23*: o Sinthoma. (1975-1976) Texto estabelecido por Jacques Allain-Miller. Tradução Sergio Laia. Rio de Janeiro: Zahar, 2007, p. 130.

-*sentido*, ouço o sentido. Aquilo que o analisante leva à análise é o que *se goza* (*se jouit*), goza de pensar que *je souit* (eu sou), goza da posição de *Dasein*, de "eu sou", ficção que o satisfaz e a qual a própria prática analítica irá revelar impossível, e aquilo que o analista pede ao analisante — pôr à prova a associação livre, "ficção de dizer qualquer coisa"[173] — tem a ver com deixar essa posição.

Então, do lado de Joyce há, diferentemente do conhecimento ou do sentido, o *saber-fazer*. O que Lacan diz é que Joyce sabe-fazer com a língua através da escrita. Mas por que Joyce? Não é somente pelo estilo ou pela ruptura formal. Sobre isso, Lacan já havia homenageado em outro momento Lewis Carroll e sua escrita de *Alice* que inventa combinações vertiginosas a partir de sua divisão entre o lógico matemático e o poeta apaixonado[174].

O mote com o qual Lacan baliza seu interesse por Joyce gira em torno da loucura: "seria Joyce louco?". Essa é a interrogação que ele endereçou e com a qual trabalhou junto a Jacques Aubert, tradutor e organizador da obra de Joyce na França, no seminário do dia 10 de fevereiro de 1976[175]. Lacan reúne algumas passagens, sobretudo do *Retrato de um artista quando jovem*, e discute com Jacques Aubert se, pelas pistas que Joyce nos deixou, poderíamos inferir que ele acreditava ser o *Redentor*, assim como Jesus Cristo, figura com a qual Joyce se deparou em sua formação religiosa.

Uma das passagens que Lacan sublinha diz respeito a uma discussão entre Stephen, o protagonista, espécie de *alter* ego de Joyce, e Cranly, seu amigo. Como Lacan menciona, na ocasião, Cranly encurrala Stephen e o pressiona para saber até que ponto ele havia perdido sua fé, como ele mesmo havia declarado. Lacan assinala que Joyce, através de Stephen, não chega ao ponto de rejeitar o aparato que lhe serve como suporte, a fé na Igreja, esse passo ele não dá[176].

---

[173] LACAN, Jacques. "A terceira". *In*: _____. *Textos complementares ao Seminário 22, R.S.I. (1974)* Tradução Luc Matheron. Edição não comercial destinada aos membros do Fórum do Campo Lacaniano, 2022, p. 61.
[174] Cf. LACAN. Jacques. "Homenagem a Lewis Carroll". *In*: MILLER, Jacques Alain (Org.). *Ornicar?* Tradução André Telles. Rio de Janeiro: Jorge Zahar, 2004 [Campo Freudiano do Brasil].
[175] LACAN, op. cit.
[176] LACAN, Jacques. O Seminário, livro 23: o Sinthoma. (1975-1976) Texto estabelecido por Jacques Allain-Miller. Tradução Sergio Laia. Rio de Janeiro: Zahar,

Ao lermos Joyce, percebemos que o personagem Cranly inicia o diálogo de maneira bastante provocativa e indaga se Stephen, o protagonista, acreditava na eucaristia. Stephen responde: "Nem acredito, nem deixo de acreditar"[177]. Depois de diversas respostas fugidias, Cranly pergunta se ele pensava em se converter ao protestantismo. Eis que Stephen responde:

> O que eu disse foi que havia perdido a fé e não que havia perdido o respeito por mim mesmo — respondeu Stephen. — Que raio de espécie de libertação seria essa, abandonar um absurdo que é lógico e coerente, para abraçar um outro que é ilógico e incoerente?[178]

Lacan aponta aí que há algo que ele tenta prescindir em relação ao *sentido religioso*, ao aparato religioso, mas que, ao chegar ao ponto limite, retrocede: "o que ele escreve é consequência do que ele é"[179]. Isso quer dizer que não há um hiato, uma separação entre sua escrita e seu modo de funcionar, de "ser".

Jacques Aubert diz que em outra obra, *Stephen Hero* (1944), Joyce dá vestígios nessa crença de que ele mesmo é o *redentor*. *Stephen Hero* é uma novela autobiográfica contida em um manuscrito e publicada postumamente que reúne diversas ideias usadas em sua obra inaugural, *Retrato de um artista quando jovem*. Além disso, Aubert evoca um período no qual Joyce teria ficado fascinado pelo franciscanismo, precisamente por conta da ideologia da imitação de Cristo forjada por seus seguidores.

Mas Lacan faz um aparte em relação ao argumento de Aubert e diz que o artista não é exatamente o redentor, não como o filho ou o portador da redenção, mas o próprio Deus, como fazedor[180]. Nesse

---

2007, p. 77
[177] JOYCE, James. *Retrato do artista quando jovem*. Tradução de José Geraldo Vieira. São Paulo: Civilização Brasileira, 1987, p. 165.
[178] Ibid., p. 168.
[179] LACAN, Jacques. *O Seminário, livro 23*: o Sinthoma (1975-1976). Texto estabelecido por Jacques Allain-Miller. Tradução Sergio Laia. Rio de Janeiro: Zahar, 2007, p. 78.
[180] Em diversas passagens no antigo testamento, Deus aparece também como Redentor. Mas a primeira referência na discussão entre Lacan e Aubert é sobre

quesito, Lacan aponta certa pretensão universal na escrita de Joyce de que este queria ser conhecido e ser assunto através de sua arte, para o máximo de gente possível, como uma espécie compensação da falta de uma função paterna, de uma *verwerfung, foraclusão* do Nome-do-Pai. A hipótese é a de que Joyce estabilizou sua psicose a partir de sua escrita, que, na pretensão universal, suplantou a foraclusão do Nome-do-Pai, nominação esta que serve como quarto nó que estabelece os outros três.

Além disso, enquanto conversava com o escritor e pintor irlandês Arthur Power, que ficou mais famoso pela publicação do livro *Conversas com James Joyce* do que propriamente pela sua obra, Joyce teria dito a famosa frase: "No particular está contido o universal"[181] (*"In the particular, is contained the universal"*).

Ao proferir essa frase, Joyce dizia para seu conterrâneo sobre a importância de escrever sobre a própria terra se ele tinha alguma pretensão de projeção internacional: "você deve escrever o que está em seu sangue e não o que está em seu cérebro"[182], com o adendo "[...] eu sempre escrevo sobre Dublin, pois se posso chegar ao coração de Dublin, posso chegar ao coração de todas as cidades do mundo"[183]. Podemos interpretar tal passagem com a ideia de certa marca singular — o artífice de uma tradição — sobre o universal.

Porém a hipótese de Lacan vai além de uma marca particular que reproduziria o todo, mas do próprio fazer na falta de uma dimensão do todo, *saber-fazer o sinthoma,* o quarto elo enquanto resposta ao real que se estabelece com a pretensão de certo universal, assim como o da tradição ocidental que se estabelece por meio do Nome-do-Pai. A proposta de Lacan, a partir de Joyce, estabelece uma nova maneira de pensar a clínica das psicoses: a tese é que Joyce estabiliza seu desenodamento através do forjamento de um quarto elo, que encontra suporte na letra por meio de sua escrita.

---

se Joyce tinha a crença de ser Jesus, considerando sua formação religiosa entre os padres. Na segunda referência, Lacan diferencia o redentor do fazedor, o próprio Deus. Cf. Ibid.

[181] Cf. ELLMANN, Richard. *James Joyce.* New York: Oxford University Press: 1982, p. 505.

[182] Ibid., p. 505.

[183] Ibid., p. 505.

Para pensar o desenodamento, Lacan lança mão de um nó de três (na esquerda, abaixo), o nó de trevo, que provém de seu nó borromeano por se juntar em três partes, a, b e c.

Nó de três   *Nó de três errado* [184]

Na direita, podemos ver o nó de três errado, ou nó de trevo falso. A diferença é que o da esquerda faz nó e, portanto, estabiliza como um, ainda que puxássemos um dos seus pedaços ou se o torcêssemos. Há aí uma referência ao triádico da neurose e ao da psicose. O nó de três falso não suporta a puxada. Se pegarmos um dos seus pontos e puxarmos, a tendência é que ele se desfaça e volte a virar uma argola. Apesar de serem parecidos, a dinâmica é completamente diferente, e inclusive nos faz pensar em intervenções danosas nas psicoses quando há um engano sobre a estrutura por parte do analista e ele "puxa o nó", realizando um corte, um ato ou uma interpretação, pensando tratar-se de um nó borromeano, uma neurose. Ao puxar o nó de trevo falso, irá se desenodar, como podemos ver na figura a seguir (pensado da direita à esquerda).

---

[184] LACAN, Jacques. O Seminário, livro 23: o Sinthoma (1975-1976). Texto estabelecido por Jacques Allain-Miller. Tradução Sergio Laia. Rio de Janeiro: Zahar, 2007, p. 84.

O INCONSCIENTE E O REAL NA CLÍNICA LACANIANA

A rodinha, o oito e o falso nó de trevo

Essa sequência pode ser tomada da esquerda para a direita, para se estabelecer o falso nó de trevo, ou da direita para a esquerda, como ele se desfaz de forma completamente diferente na estabilidade do nó verdadeiro. Basta um erro para que o nó não se estabeleça: no caso citado, passa por cima ao invés de passar por baixo. Não há nó de dois, é preciso ao menos três para que o nó se estabilize.

Além do mais, ao invés de pensarmos em nós de forma simplificada, Lacan lança mão da noção de uma "cadeia borromeana"[186], isso inclui a dimensão anelar, de elos, toros, no caso, que se ligam uns aos outros, a partir de uma noção topológica moebiana.

Isso nos relembra do esforço que Lacan empreendeu no início de seu ensino com a noção de cadeia do significante: uma cadeia fechada de "anéis cujo colar se fecha no anel de um outro colar feito de anéis"[187]. Mas a topologia dos nós é diferente, pois devemos supô-los a partir do toro e da banda de moebius.

Assim, Lacan apresenta o quarto elo que estabelece o sinthoma, como o *sinthoma borromeano*. Como podemos ver na figura a seguir, há uma soltura, um desenodamento. Mas mesmo que os registros Real, Imaginário e Simbólico desenodem, há um quarto elo que os estabiliza. Assim, como suplência, o *sinthoma*, também chamado

---

[185] LACAN, Jacques. *O Seminário, livro 23*: o Sinthoma (1975-1976). Texto estabelecido por Jacques Allain-Miller. Tradução Sergio Laia. Rio de Janeiro: Zahar, 2007, p. 85.
[186] Ibid., p. 89.
[187] LACAN, Jacques. "A instância da letra no inconsciente ou a razão desde Freud". In: _____. *Escritos.* Tradução de Vera Ribeiro. Jorge Zahar Editor: Rio de Janeiro, 1998, p. 505.

por Lacan, no caso da neurose, de nominação e de Nome-do-Pai, estabiliza esse erro e mantém os três registros enodados.

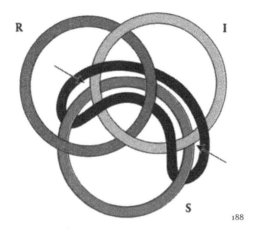

O sinthoma borromeano

Lacan ainda adverte sobre sua cadeia borromeana: para que haja uma verificação do furo e que não seja um falso-furo, a única possibilidade é de que alguma coisa, reta ou circular, o atravesse

Transformação do falso-furo em real

---

[188] LACAN, Jacques. *O Seminário, livro 23*: o Sinthoma (1975-1976). Texto estabelecido por Jacques Allain-Miller. Tradução Sergio Laia. Rio de Janeiro: Zahar, 2007, p. 91.
[189] Ibid., p. 113.

Vejamos que, ao atravessar, há uma verificação de que o furo seja real. Para Lacan, essa verificação só e possível através do falo. Aliás, se o falo é o verificador por excelência do furo, o Φ (fi maiúsculo) aparece no Seminário 23 com a função de fonação: "É uma phunção [sic] de fonação que, como tal, acaba sendo substitutiva do macho, dito homem"[190]. Isso quer dizer que essa função é da própria fala, que convoca o sujeito por meio do furo. Se o gozo fálico é justamente o fora-do-corpo porque é parasitário da fala, o furo só é verificável pela resposta à fonação (ou *fhonação*), sobretudo por meio da voz.

Parece-nos, que no caso dos registros desenodados, a verificação do verdadeiro furo, entre o Real e o Imaginário, se complica. No *troumatisme* da neurose, o sujeito que responde com um truque sintomático ao *trou*, ao furo, depende da castração. No caso de Joyce, Lacan coloca o sinthoma como um quarto elo que produz outro furo, como vemos na imagem do *sinthoma borromeano*. Dessa forma é possível que haja uma modalidade de laço através do sinthoma.

Constatamos assim, na imagem anterior (O sinthoma borromeano), que o sinthoma realiza um falso-furo com o simbólico. É a partir dessa dimensão que algo da ordem da arte de dizer aparece e que Lacan constata na arte de Joyce.

Se visualizamos a cadeia borromeana, percebemos que no lugar onde *Não há Outro do Outro*, no furo entre o Real e o Simbólico, nada corresponde ao *sentido* (que se fundamenta na intersecção entre o Simbólico e o Imaginário). A dimensão do real em seu fundamento é precisamente a do impossível, do sem sentido. Inclusive, o fato de a morte não poder nem ser *pensada* é o fundamento do Real[191]. Com Joyce, Lacan pensa em uma orientação ao Real, e não um sentido.

O Real se transforma na grande questão para Lacan em seu último ensino, e ele chega mesmo a afirmar que seu conceito de Real, impossível e sem lei nem ordem, é uma invenção, é seu *sinthoma* enquanto resposta à invenção de Freud, o *inconsciente*. Ele chega a fazer uma equivalência entre o sinthoma e o Real e seu enodamento com o Inconsciente, equivalente nesse esquema ao simbólico. E o

---

[190] Ibid., p. 123.
[191] Ibid., p. 121.

terceiro, nessa circunstância, aparece como o Imaginário, através do corpo, como podemos ver na figura a seguir.

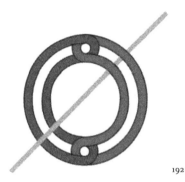

O nó do sinthoma e do inconsciente, mantido pelo corpo

Há então uma dupla tentativa no derradeiro ensino de Lacan: de um lado, reduzir o real ao *sinthoma* para apresentá-lo, ainda que por um *pedaço*. Do outro, pensar uma alternativa ao Nome-do-Pai. Alternativa, aliás, que o faz incorrer em uma homofonia e cometer um *lapso*. Ele apelida seu nó borromeano de *nó bo*, o que faz homofonia com o *Monte Nebo*, e diz,

> Tento dar outro corpo a essa intuição em meu nó bo, que é muito apropriado para evocar o monte Nebo onde, tal como se diz, a Lei foi entregue — essa que não tem absolutamente nada a ver com as leis do mundo real, uma vez que essas leis são, aliás, uma questão que permanece inteiramente em aberto. A Lei da qual se trata, nesse caso, é simplesmente a lei do amor, isto é, a pai-versão.[193]

Eis o lapso: o monte no qual Moisés recebe as tábuas da lei não é o monte Nebo, mas o monte Horeb. Jacques Aubert aponta esse lapso em suas notas de leitura, porém comenta: "não vejo como

---

[192] Ibid., p. 135.
[193] Ibid., p. 147.

Joyce pôde algum dia escrever essa frase, mesmo para atribuir uma lorota para fulano ou beltrano"[194]. Mas, ao pesquisarmos de forma mais minuciosa, encontramos em Ulisses uma referência ao monte Nebo: "Olha agora à tua frente, meu povo, para a terra do comando, desde Horeb e de Nebo e de Pisgah e dos Chifres de Hatten até a terra que flui com leite e dinheiro"[195].

Há discussões se Horeb e Sinai são diferentes nomes para o mesmo lugar, mas é em Horeb que as tábuas dos Dez Mandamentos são entregues para Moisés em Deuteronômio. Já Pisgah é traduzida por alguns autores como o cume do Monte Nebo ou o próprio Monte Nebo. Já o Chifres (ou cornos) de Hatten é considerado por alguns estudiosos, por critérios geográficos, que tenha sido o local no qual Jesus realizou seu Sermão da Montanha, e a última referência, a terra que flui com leite e dinheiro, a terra prometida, de leite e mel.

Então, provavelmente, Lacan se refere a essa sequência de montes ao substituir sua referência ao Sinai por nó bo, Nebo, por homofonia. Outra interpretação nossa seria que ao invés de referir o Sinai, lugar no qual as tábuas são entregues por Deus a Moisés, Lacan refere o Monte Nebo, lugar onde Moisés morre ao avistar a *terra prometida.*

Lembremo-nos que Lacan afirma que foi em Moisés que a pluma de Freud parou, e foi a partir da menção aos nomes do Pai que Lacan interrompe seu seminário e afirma não retornar mais ao assunto. Ao invés da lei imóvel com a qual Moisés desce do Sinai, o horizonte da promessa que finda a vida de Moisés no Monte Nebo. Aposta sobre a promessa que vivifica o desejo por meio da lei do pai.

Voltemos a Joyce: o importante, para Lacan, é pensar como o que modula a voz pode se desprender da escrita, através do significante, e então como a função da escrita tem um caráter diferente em Joyce, com o qual o escritor escreve o próprio *Ego*. Ele só pode dar conta do que chamamos de ego por meio da escrita.

Há uma passagem icônica com a qual Lacan desenvolve a ideia de que Joyce *é* seu corpo e não *o tem*, inferência que surge pela reação de Joyce (Stephen) a uma surra. Trata-se uma passagem de *O retrato de um artista quando jovem*, quando Stephen, o protagonista, é preso

---

[194] Ibid., p. 195.
[195] JOYCE, James. *Ulisses*. Tradução de Bernardina da Silveira Pinheiro. Editora Objetiva Ltda. Rio de Janeiro, 2005, pp. 64-65.

pelos colegas, leva uma surra e é arremessado contra uma cerca de arames farpados. Tudo isso dirigido e encabeçado pelo garoto Heron e sua turma, que acusam Stephen de ser um *herege*. Bem, Lacan extrai daí a reação de Stephen à surra. Ele, Stephen, reflete sobre não ter guardado rancor e conclui que o "negócio" esvaiu como uma ***casca***. Examinemos a passagem à qual Lacan se refere:

> Não havia esquecido porção mínima sequer da covardia e crueldade deles; mas recordar isso não lhe causava mais nenhuma raiva. Todas as descrições de amor feroz e de ódio que tinha encontrado nos livros pareciam-lhe doravante inventadas. Mesmo aquela noite em que voltara para casa cambaleando pela estrada do Jones tinha sentido que certa força o houvera despojado dessa súbita onda de raiva tão facilmente como um fruto é despojado de sua mole casca madura[196].

Lacan destaca tal passagem e diz que é curioso como em Joyce, ao invés de haver um afeto que se sublinha após o espancamento, há algo que precisa ser largado como casca[197]. Essa metáfora do que se destaca como casca (ou como fruto, no texto original), desvela uma relação de repulsa ao próprio corpo.

Há uma ideia de corpo como ideia de si, esse é o conceito propriamente de ego. Se o ego é narcísico, o corpo é suportado por meio da *imagem*, o que Lacan sublinha é que essa cena mostra que não há *interesse* naquela imagem para Joyce, ele a deixa cair como uma *casca*.

Bem, isso tem certa consequência em relação ao que é o ego para Joyce e qual sua função. Lacan explica isso através do *nó-bo*, da cadeia borromeana. Há em Joyce uma falha e Lacan a metaforiza por meio da cadeia:

---

[196] JOYCE, James. *Retrato do artista quando jovem*. Tradução de José Geraldo Vieira. São Paulo: Civilização Brasileira, 1987, p. 65.
[197] No texto joyciano, como fruta, como o leitor pode perceber pelo extrato.

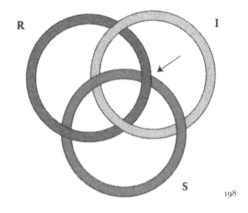

O nó que rateia

Imaginemos, como a figura anterior sublinha, que para onde a flechinha aponta haja um rateamento, uma falha. Imaginemos nesse ponto que a terceira rodinha, a do Simbólico, passasse por cima em vez de passar por baixo da rodinha do Real. Nesse momento, o Imaginário estaria destacado e solto. Lacan lança mão desse argumento: depois da surra, há algo que se desliza e a relação imaginária não acontece, há uma disjunção e uma repulsa ao próprio corpo que provoca o desenodamento do *imaginário*. Esse ego, enquanto suporte da relação entre a ideia de si e sua imagem, deve ter então uma natureza diferente em Joyce. Há algo que não faz cadeia, mas que logo depois, na sequência, enquanto resposta ao desenodamento, o ego em Joyce *é corrigido* através da escrita. Essa é a função de sua escrita. Podemos ver como se dá a operação na figura a seguir.

---

[198] LACAN, Jacques. *O Seminário, livro 23*: o Sinthoma (1975-1976). Texto estabelecido por Jacques Allain-Miller. Tradução Sergio Laia. Rio de Janeiro: Zahar, 2007, p. 147.

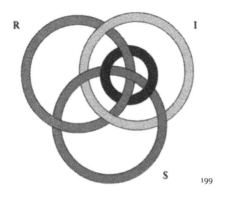

O ego que corrige

Percebemos, então, com a figura acima, que por meio da escrita, por um artifício *a posteriori*, depois desse deslizamento do imaginário, o ego corrige o nó que se soltou e a cadeia volta a ser borromeana. Essa operação se transforma em um verdadeiro paradigma para a clínica das psicoses, apesar de Joyce nunca ter feito uma análise, e ainda assim corrigir o desenodamento através do artifício da escrita, de um saber-fazer próprio.

Lacan escreve o nó borromeano baseado em um lapso que toca o real: de um *lapsus calami* (um lapso na escrita) e não um *lapsus linguae*. A escrita de Joyce é uma escrita que coloca ao seu leitor diversos enigmas, aliás, que produz leitores interessados em resolvê-los, descobri-los. A hipótese de Lacan é a de que essa imposição de enigmas exerce uma espécie de função reparadora ao Nome-do-Pai que foi foracluído. Essa função reparadora serve como quarto elo, a partir da invenção de seu sinthoma.

Mas isso não quer dizer que seu sinthoma seja analisável nem decifrável, a diferença que Lacan demarca é essa. Joyce goza ao escrever sem se encerrar no sentido e seu **fazer** produz a **ironia do ininteligível**. O gozo próprio do sinthoma é justamente o resto inanalisável e, portanto, o que exclui o sentido e é opaco. O saber-fazer de Joyce tem a ver com essa dimensão do gozo. Esse não é efeito da identificação ou da nominação, mas, como afirma Lacan, "de que a

---

[199] Ibid., p. 148.

análise que recorre ao sentido para resolvê-lo não tem outra chance de conseguir senão se fazendo tapear... pelo pai"[200]. Há um passo a mais que Lacan dá na ideia de prescindir do pai com a condição de se servir, e é a partir do "se fazendo tapear" que o sujeito pode abolir o sentido enquanto modo de gozar privilegiado.

O que Lacan considera extraordinário de Joyce é que ele não tenha feito uma análise, mas que tenha conseguido chegar a esse gozo opaco por sua escrita. A ironia do ininteligível de Joyce é justamente seu *escabelo*, palavra que em Lacan se transforma em um conceito que tem a ver com o sinthoma. O escabelo é uma espécie de banquinho baixo que serve para apoiar e descansar os pés. Também pode ser um banco um pouco mais comprido que serve tanto como arca ou caixa como quanto banco ou uma escadinha usada em contextos domésticos.

Em um de seus textos, intitulado "Joyce, o sintoma"[201], Lacan — adotando um estilo joyceano repleto de neologismos — se refere de forma proeminente ao escabelo e, ao transformá-lo em adjetivo, diz que Joyce é o primeiro a saber escabelotar (*escaboter*), a saber-fazer do seu sinthoma um modo de gozar que não seja prenhe de sentido. Que não jogue com o sentido e a equivocação e que seja reduzido ao sinthoma não quer dizer que não produza efeitos, quer dizer efetivamente que os efeitos não são analisáveis, por serem pura **gozação**. O que recolhemos e "pegamos" do texto de Joyce é exatamente esse gozo. Além disso, Lacan indica, como Ellman[202], a consonância etimológica dos nomes Freud (*Freude*) e Joyce (*Joy*), que querem dizer "*alegria*".

Ellmann[203], citado por Lacan, diz que Joyce, por acreditar que a literatura deveria expressar o "espírito sagrado da alegria", considerava seu nome próprio um presságio e Freud como um homônimo, ainda que indesejado. Ao invés do chiste, o recurso da invenção de Joyce é algo da ordem da gozação mesma.

---

[200] LACAN, Jacques. "Joyce, o sintoma", 1975/1979. *In:* _____. Outros escritos. Tradução Vera Ribeiro. Rio de Janeiro: Zahar, 2003, p. 566.
[201] Ibid.
[202] ELLMANN, Richard. *James Joyce*. New York: Oxford University Press: 1982, p. 12.
[203] Ibid.

2.1. Escabelo

Ao formular, a partir de Joyce, a ideia de sinthoma, Lacan nomeia uma alternativa e suplência que estabiliza os três registros, Real, Simbólico e Imaginário, a partir de um quarto nó que não seja o Nome-do-Pai e, portanto, que não se baseie no recalque como mola de seu funcionamento. Se, do lado do Nome-do-Pai, podemos pensar no conjunto conceitual que inclua o recalque, o significante e o sintoma; do lado do Sinthoma, incluímos a foraclusão do Nome-do--Pai, a correção do ego através da invenção suportada pela escrita e precisamente o sinthoma enquanto quarto elo. Exatamente por não ser dividido pela via do recalque, Joyce é, para Lacan, um *desabonado* do inconsciente. Se, do lado do Nome-do-Pai, há o sintoma e o inconsciente, saber não sabido passível de interpretação, do lado do *sinthoma* há algo singular que se produz a partir de uma invenção desprendida do sentido e que não é passível de ser interpretada. No caso de Joyce, o que se corrige é através da *gozação*.

Aí entra a ideia de escabelo, do *banquinho* no qual o sujeito pode apoiar seus pés ou subir e assim se destacar dos outros e do grande Outro. Nesse destacamento, há uma dupla consequência: do lado da neurose prescindir, com a condição de se servir e ao mesmo tempo uma espécie de *solidão*. Do lado de Joyce, a escrita implica e exige que o leitor se envolva nessa gozação que não mira o sentido. Isso é efeito do escabelo, da escadinha: "O S.K.belo é aquilo que é condicionado no homem pelo fato de que ele vive do ser (=esvazia o ser) enquanto tem... seu corpo: aliás, a partir disso"[204].

Há uma dimensão de des-ser, de esvaziamento, que é condição para o advento do ter o corpo, e que o homem tenha um corpo, no sentido de que ter *é poder fazer alguma coisa com*, como sublinha Lacan. A faceta do corpo que fala não tem nada a ver com qualquer naturalismo, mas com a desnaturação e com a implicação de Joyce, que por gozar do seu sinthoma não é um *saint homme* (um santo homem). Há um corpo sexuado que advém da não relação entre os sexos, por mais que a religião, por um lado, o renegue, e, por outro,

---

[204] LACAN, Jacques. "Joyce, o sintoma", 1975/1979. *In:* _____. Outros escritos. Tradução Vera Ribeiro. Rio de Janeiro: Zahar, 2003, p. 561.

que seja impossível a junção de um a outro corpo (a correlação). Mas esse corpo, Lacan[205] enfatiza, depende do fato de o homem *dizer* que tem seu corpo, que é seu.

Que Joyce tenha chegado ao gozo opaco, através da "ironia ininteligível", demonstra seu escabelo, sua escadinha, que o destaca por meio da escrita. Se, como citamos, uma análise que apela ao sentido só incorre no gozo opaco "se fazendo tapear... pelo pai", Joyce forja um modelo de pai, Leopold Bloom, errante, judeu, traído, no qual se reconhece o filho necessário. Mas ao invés do Nome-do-Pai enquanto nome e enquanto aquele que o nomeia e o transmite, Joyce inventa o sinthoma, outro modo de chamar o quarto elemento que amarra o Simbólico, o Imaginário e o Real. Essa invenção depende de certa pretensão universal de seu escabelo, de seu destaque. Ele diz dele aos outros que o leem.

Essa é a subida à escadinha que o escritor realiza, e a ideia de escabelo nos dá uma dimensão do que poderia ser considerado um fim de análise: um destaque que prescinda, que esteja advertido do grande Outro e que invente um saber-fazer com seu sintoma destituído de um gozo tão idiota, por um lado, ou que dependa excessivamente do sentido. A dimensão do gozo opaco, por excluir o sentido, é justamente da ordem de uma invenção, de uma goz/ação singular não condicionada ao pensamento e que, ao fim de uma análise, pode surgir como um **"despertar"**.

Esse "despertar" não é qualquer despertar e nos convoca à questão fundamental sobre os sonhos: se são a realização do desejo, por que despertaríamos? Se na própria experiência analítica o movimento de esperar do analista a decifração, sustentada na transferência, pode ser bastante prazerosa, por que despertar? A radicalidade de Lacan mostrou que o inconsciente não se encerra no sonho e o que instaura, através do ato, a *transferência*, é quando o analisante busca no analista, que suportou fazer semblante de, o *objeto causa de seu desejo*, o *objeto a*. Essa é uma posição que marca ambos os

---

[205] LACAN, Jacques. *O Seminário, livro 23*: o Sinthoma (1975-1976). Texto estabelecido por Jacques Allain-Miller. Tradução Sergio Laia. Rio de Janeiro: Zahar, 2007, p. 150.

tempos aos quais Lacan assinala em seu Seminário 11[206], *Tiquê* e *Autômaton*: se é autômaton que possibilita que o analisante marque outra e outra e outra sessão, insista e busque a satisfação através do anseio da decifração de seu sintoma, e que convoque o Outro a responder "o que é que eu quero, qual é o meu desejo?"; é com Tiquê, *o encontro faltoso com o real*, com o qual ele se depara em cada *troumatisme*. Encontro este que tem a ver com a causa de seu desejo. A questão é que, se o sonho e a fantasia inconscientes são os truques com os quais o sujeito se defende do real, uma análise deve destacar, comportar e incluir de forma invariável o encontro faltoso com o real, por uma consequência estrutural: se o analista faz semblante do objeto causa do desejo, é com o real de certa forma reduzido que o analisante irá se deparar em uma análise. Mas não basta tal encontro no cerne da experiência de uma psicanálise para que se produza um analista.

2.2. Final de análise

Se, como Lacan diz em seu texto "Joyce, o sintoma"[207], "só há despertar por meio desse gozo", do gozo próprio do sintoma — opaco por excluir o sentido —, tal afirmação não é sem consequências para pensarmos no final de uma análise. Esse despertar não tem a ver, é claro, com qualquer elucidação idealista. Tampouco com o despertar dos sonhos, pois o sujeito desperta do sonho para não ter que se ver com o real que o sonho comporta e veicula. O "despertar", nesse sentido da vigília, é precisamente um modo de se defender do real. O despertar do qual Lacan se refere tem a ver com o gozo opaco, próprio do sintoma. Um truque, um saber-fazer diante do encontro faltoso, que atesta o real.

Jacques-Allain Miller chega a fazer uma equivalência entre o "desejo de despertar" e o desejo do analista, enquanto o analista atesta *com sua presença o encontro com o real*: "o desejo de desper-

---

[206] LACAN, Jacques. *O Seminário, livro 11*: os quatro conceitos fundamentais da psicanálise, 1964. Texto estabelecido por Jacques-Alain Miller. Rio de Janeiro: Zahar, 1985.
[207] LACAN, op. cit., p. 566.

tar — é o que proponho aqui — é o desejo do analista na medida em que ele não se identifica com o sujeito suposto saber, ou seja, com o que é apenas efeito de sentido"[208].

Lacan destaca, para pensar o que seria um final de análise, os três modos de identificação em seu Seminário 24, *"L'insu que sait de l'une bévue s'aile à mourre"*, a identificação amorosa ao pai, a identificação histérica e a identificação ao traço unário. E, ao destacar os três modos, sublinha que um final de análise não se refere a identificar-se com o analista e tampouco com o inconsciente, mas *saber-fazer (savoir y faire*[209]), expressão idiomática que não tem tradução exata para o português, algo como *se virar* com seu sintoma:

> saber desembaraçá-lo, saber manipulá-lo, isso tem a ver com alguma coisa que corresponde ao que o homem faz com sua imagem — é imaginar a maneira pela qual a gente se vira com esse sintoma. Trata-se aqui, certamente, do narcisismo secundário; o narcisismo radical, o narcisismo que chamamos primário estando, nessa ocasião, excluído. Saber se virar (*savoir y faire*) com o seu sintoma está aí o fim da análise; é preciso reconhecer que é conciso. Isso não vai verdadeiramente longe![210].

Lembremo-nos o movimento seguinte que Joyce faz depois de deixar o corpo cair como uma casca[211], ele o corrige através da escrita. Bem, a ideia de Lacan sobre o final de análise nesse *se virar* com o sintoma é mais concisa e diferente dos critérios estabelecidos na Proposição de 9 de outubro de 1967, sobre o psicanalista da Escola[212],

---

[208] MILLER, Jacques-Allain. *Matemas 1*. Tradução de Sérgio Laia. Rio de Janeiro: Jorge Zahar, 1996, p. 105.
[209] Em Lacan, a expressão aparece ora como *savoir-faire* e ora como *savoir y faire*. Apesar de alguns autores realizarem uma diferenciação, entendemos que Lacan as utiliza como sinônimos, como "se virar", saber-fazer.
[210] LACAN, Jacques. *O Seminário, livro 24*: L'insu que sait de l'une bévue s'aile à mourre. (1976-1977). Edição e tradução Grupo Heresia para circulação interna. 2022, p. 08.
[211] Cf. no início do capítulo.
[212] LACAN, Jacques. "Proposição de 9 de outubro de 1967 sobre o psicanalista da Escola". In: _____. *Outros Escritos*. Tradução Vera Ribeiro. Rio de Janeiro: Zahar, 2003.

na qual há um destaque bastante expressivo para a *passagem* do psicanalisante ao psicanalista.

Desde o início da empreitada freudiana, a questão do fim de uma análise se distanciou de qualquer pretensão de cura. Para Freud, já na carta 242 a Fliess, de 1900, a conclusão de uma análise se revela como um paradoxo em termos, a partir do sintagma "*conclusão assintótica*":

> Estou começando a entender que o caráter aparentemente sem fim do tratamento é algo regular e tem a ver com a transferência. Espero que esse resto não prejudique o resultado prático. [...] A conclusão assintótica do tratamento, que para mim é indiferente, continua sendo uma decepção mais para os de fora[213].

O assintótico refere a assíntota, que na geometria é um ponto ou uma curva de onde os pontos da hipérbole se aproximam à medida em que se percorre a hipérbole. Ou uma reta que, se se prolongar de forma indefinida, tende a aproximar de certa curva ou função, ainda que sem alcançá-la. A palavra vem do grego e faz referência a algo que não *coincide*. É impossível que o sintoma se resolva justamente porque ele é a forma, o truque com que cada um responde ao real da não relação entre os sexos e da morte.

A conclusão sempre deixa um *resto*, resto que podemos sublinhar nessa passagem da carta e com o qual o saber-fazer com o sinthoma se relaciona. Verificamos uma relação entre Freud em 1900 e Lacan em seus últimos anos justamente pelo saber-fazer com o sinthoma enquanto fim de uma análise.

Em *A interpretação dos sonhos*[214], Freud descreve que ainda que um sonho seja minuciosamente interpretado, há um trecho que *tem* de permanecer *obscuro*. A esse trecho opaco, que não deixa passar luz e, portanto, impossível de se decifrar, Freud nomeia de *umbigo*

---

[213] FREUD, Sigmund. "Carta a Fliess 242", 1937. In: _____. *Fundamentos da clínica psicanalítica*. Tradução de Claudia Dornbusch. Belo Horizonte: Autêntica Editora, 2017, p. 37.
[214] FREUD, Sigmund. *A interpretação dos sonhos (1900)*. Tradução de Paulo César de Souza. São Paulo: Cia. Das Letras, 2019.

do sonho. Em contrapartida, Freud diz que é desse ponto que *brota* o **desejo** do sonho. Já em um de seus últimos textos, "Análise finita e infinita"[215], de 1937, ao refletir sobre o fim de análise, Freud diz que por mais que um sujeito percorra uma análise, haverá um resíduo[216] inanalisável que restará.

Esse resto tem a ver com a opacidade do gozo. Se há um pedaço impossível de se decifrar, o sintoma, aquilo que costumeiramente não vai bem e que leva um sujeito a uma análise, pode se transformar no *sinthoma*, inventividade possível de se suportar e de gozar por não ser condicionado a nenhum cálculo pensante do sentido e tampouco pelo *conhecimento*, a cópula pretensa entre o sujeito e o saber, mas pelo *saber-fazer*, ou *se virar*, que inclui propriamente a dimensão do ato e do fazer nesse arranjo.

O sintoma — solução de compromisso, truque, o que "não vai bem"[217] e que pertence ao real[218], a "única coisa verdadeiramente real"[219] — é o que a prática da psicanálise testemunha e que, pela via simbólica, "o inconsciente pode ser responsável pela redução",[220] mas não pela sua desaparição. Pelo contrário, é a identificação com o que "não vai bem" que Lacan postula como o fim de uma análise. Lacan chega a afirmar que a mulher é um sintoma para o homem, como o que articula gozo e desejo e enoda a impossibilidade da relação: nesse sentido, é o que de certa forma traduz o impossível da não relação, o *real*, de forma singular para o sujeito. Identificar-se com o sintoma, e não com o inconsciente, através do gozo

---

[215] FREUD, Sigmund. "A análise finita e a infinita", 1937. In: _____. *Fundamentos da clínica psicanalítica*. Tradução de Claudia Dornbusch. Belo Horizonte: Autêntica Editora, 2017.

[216] Cf. Ibid., p. 331.

[217] LACAN, Jacques. "Coletiva de imprensa do Dr. Lacan". In: _____. *Textos complementares ao Seminário 22, R.S.I. (1974)*. Tradução Luc Matheron. Edição não comercial destinada aos membros do Fórum do Campo Lacaniano, 2022, p. 23.

[218] LACAN, Jacques. *R.S.I. O Seminário, 22 (1974-1975)*. Edição não comercial destinada aos membros da Escola de Psicanálise dos Fóruns do Campo Lacaniano, 2022, p. 15.

[219] LACAN, Jacques. *O Seminário, livro 24*: L'insu que sait de l'une bévue s'aile à mourre. (1976-1977). Edição e tradução Grupo Heresia para circulação interna. 2022, p. 112.

[220] Ibid., p. 44.

fálico, parasitário, ensimesmado e masturbatório do pensamento e da fala e tampouco repousar no sentido, faz o final de análise ser pela via do *não todo*, aquilo que pela lógica lacaniana está do lado da mulher.

Tal saída frente ao sintoma é bastante diferente da saída ou da resposta religiosa. Lacan diz que é essa a função da religião, "que não se apercebam do que não vai bem"[221]. Que tentem, de certa forma, ignorar ou corrigir o que não vai bem.

Nada obstante, se abrirmos a Carta de Paulo aos Romanos, um dos textos inaugurais do cristianismo, a proposta de uma ética é bastante evidente diante do "que não vai bem" e do real da não relação sexual. Na Carta, Paulo comenta que a Lei não abole o pecado, e que o pacto da circuncisão não serviu para abolir a transgressão. Pelo contrário, que só há pecado por causa da lei: "De fato, já antes da Lei existia pecado no mundo, embora o pecado não possa ser levado em conta quando não existe Lei"[222].

Então, ao invés da Lei, Paulo propõe a Graça: "Pois o pecado não os dominará nunca mais, porque vocês já não estão debaixo da Lei, mas sob a graça"[223]. De tal modo, ao invés do antigo regime da letra, a abolição da lei:

> Que diremos então? Que a Lei é pecado? De jeito nenhum! Mas eu não teria conhecido o pecado se não existisse a Lei, nem teria conhecido a cobiça se a Lei não tivesse dito: "Não cobice". Mas o pecado aproveitou a ocasião desse mandamento e despertou em mim todo tipo de cobiça, porque, sem a Lei, o pecado está morto.[224]

---

[221] LACAN, Jacques. "Coletiva de imprensa do Dr. Lacan". *In:* _____. *Textos complementares ao Seminário 22, R.S.I. (1974)*. Tradução Luc Matheron. Edição não comercial destinada aos membros do Fórum do Campo Lacaniano, 2022, p. 24.
[222] BÍBLIA. N. T. *Carta aos Romanos.* 5:13. Editora Paulus. Disponível em: <https://biblia.paulus.com.br/biblia-pastoral/novo-testamento/cartas-de-sao-paulo/carta-aos-romanos/5>. Acesso em: 23 fev. 2023.
[223] Ibid., 6:14.
[224] Ibid., 7:7.

O INCONSCIENTE E O REAL NA CLÍNICA LACANIANA

Tais passagens colocam em proeminência a razão pela qual Lacan diz que há apenas uma verdadeira religião, que é a religião cristã[225]. Isso porque o truque frente ao real seria a própria morte do corpo que peca: "Se Cristo está em vocês, o corpo está morto por causa do pecado"[226]. Essa é a ideia de rechaço ou de "arrumação" diante da "doença", da sexualidade instalada pelo real, doença que concerne ao *falasser* e que se manifesta através do sintoma.

De fato, o final de uma análise comporta algo radicalmente diferente: o próprio fracasso de qualquer tentativa de eliminar completamente o sintoma.

Assim sendo, ainda que não haja pretensão de uma cura, a reflexão sobre o fim de análise foi intensamente formulada e reformulada para estabelecer a dimensão da formação: o que transforma, ou melhor, o que autoriza alguém na função de analista ou que passagem há a partir da própria análise da posição de analisante a analista.

Na Proposição de 09 de outubro de 1967[227], Lacan fala que entre o psicanalista e o psicanalisante há uma porta na qual a *dobradiça* é o *resto*. Esse resto constitui a divisão entre eles e, portanto, entre o sujeito e sua causa. Entre o sujeito, $, e o analista que faz semblante do resto que o causa, a. Na relação com o analista que faz semblante de tal resto, o sujeito atravessará tal fantasia e colocará em questão a *segurança* — o que já conhece e estava acostumado a repetir da fantasia e que se constituiu como seu modo de gozar $ $\lozenge$ a, em uma relação assimétrica e masoquista com o resto que lhe causa, visualizado nesse momento no analista.

Há uma condição para que tal travessia funcione: o analista deve suportar, através de um *ato*, o ato analítico, ser semblante de *objeto* do analisante, e não apenas ocupar o lugar do grande Outro oracular, da decifração, ao qual o sujeito endereça a questão sobre o próprio desejo: "o que faço, o que quero, o que escolho?". Há uma dimensão de *presentificação do real* que não se encerra na *transferência*. Para suportar essa presentificação do real, o analista deve ter, em sua própria análise, vivido o *ato analítico*. O que o analisante percebe, a partir desse ato, é que a apreensão do desejo tem algo a

---
[225] LACAN, op. cit., p. 23.
[226] BÍBLIA, op. cit., 8:9.
[227] LACAN, op. cit.

ver com um des-ser radical e "nesse des-ser revela-se o inessencial do sujeito suposto saber"[228] e, portanto, os significantes mestres aos quais o sujeito se ancorou a partir de nomes próprios são colocados em questão e reduzidos a significantes quaisquer. O pagamento pelo *agalma*, o desejo enquanto metonímia, é se reduzir, "ele e seu nome"[229] a um significante qualquer.

A apreensão do desejo por meio do olhar do Outro enquanto reconhecimento dá lugar então a uma voz própria, e a ideia de *ser* em sua completude cai enquanto *Sicut palea*, enquanto merda, resto. Se a entrada em uma análise tem a ver com procurar no Outro a decifração do *saber não sabido*, do inconsciente, através da demanda de uma resposta sobre o próprio desejo, "quero ou não quero?", "escolho ou não?", a saída de uma análise tem a ver com a redução desse Outro ao objeto que resta, que cai e causa o desejo. Há uma dimensão de travessia que coloca o analista na posição de objeto para reviver sua fantasia e perceber que dela não há qualquer simetria, correspondência, fechamento, completude ou resposta. Essa é a presença atestada do real da não relação, do enigma da opacidade da sexualidade que é revivido em uma análise. No fim de análise, marcado por um ato analítico, o analista é reduzido do Outro ao *objeto a* e cai como dejeto, enquanto resto que já não mobiliza o desejo. Por isso, esse final é condicionado por uma espécie de *luto*.

A passagem de psicanalisante a psicanalista se tornaria também algo a ser passado, através da transmissão, para a Escola. Esse luto, do des-ser, deveria ser transmitido aos *passadores* e *testemunhado* por um *júri de aprovação*. É nesse momento que Lacan propõe e institui o *dispositivo de passe* para os pretendentes a Analistas de Escola (A.E.). Dispositivo esse que causou e causa bastante controvérsia, sobretudo no que se refere ao reconhecimento do analista e nos princípios de um poder legitimador conferido à Escola.

Dez anos mais tarde, Lacan diria no Seminário intitulado "O momento de concluir", que a análise não consiste em nos libertarmos de nossos *sinthomas* — nesse momento equivalendo o sinthoma ao sintoma —, mas em saber por que estamos enredados nele.

---

[228] Ibid., p. 259.
[229] Ibid., p. 259.

Isso, segue Lacan, acontece por causa do simbólico: "aprendemos falar e isso deixa traços"[230] que causam consequências que não são nada mais que o *sinthoma*. Mas a aposta não é no *saber* sobre tais traços, mas sim na própria dimensão do inconsciente. E Lacan abre a questão sobre o que é uma análise, acentuando — o que vai *de encontro* a qualquer argumento positivo sobre a possibilidade de tornar-se analista a partir da pesquisa ou do estudo — a própria *experiência*: **"Só podemos saber se demanda — a mim uma análise. É assim que a concebo"**[231].

E Lacan retoma a problemática sobre a inscrição do zero[232] na matemática para pensar no fim de análise:

$$1^* \; 2 \; 3 \; 4 \; 5 \; 6 \; 7 \; 8 \; 9$$
$$0 \; 1 \; 2 \; 3 \; 4 \; 5 \; 6 \; 7 \; 8 \; 9$$

Para contarmos, precisamos inscrever o zero na cadeia numérica e, portanto, esse zero se transformaria em 1. Tal questão teve bastante proeminência no campo psicanalítico a partir de uma publicação que Jacques-Alain Miller apresentou em 1965, na altura do Seminário 12 de Lacan. No texto intitulado "A sutura. Elementos da lógica significante"[233], Miller estabelece como a questão do sujeito como um zero colocava uma interrogação para a própria lógica matemática. A relação da ausência como um zero inscrito — a falta — determina a própria estrutura, pois é impossível pensar o *zero inscrito* como um *nada*. A *falta*, na lógica da psicanálise, determina a própria estrutura como um excesso operante.

Ao dialogar com Frege, Miller diferenciou duas dimensões do zero: a primeira enquanto número e a segunda enquanto representação da ausência. Um regime de verdade, que inscreva a ausência,

---

[230] LACAN, Jacques. *O Seminário, 25*: Le moment de conclure. Staferla, 1977-1978, p. 16. Disponível em: <http://staferla.free.fr/S25/S25.pdf>. Acesso em: 23 fev. 2023.
[231] Ibid., p. 16.
[232] Cf. no subcapítulo 1.5 "O sujeito e o Outro".
[233] MILLER, Jacques-Allain. "A Sutura. Elementos da lógica do significante (1965)". Cahiers pour l'analise, n. 1. *In:* COELHO, Eduardo Prado. *Estruturalismo:* antologia de texto teóricos. Lisboa: Portugália Editora, 1968, pp. 211-225.

obriga a ordem numérica a inserir o zero e contá-lo como 1. Há um +1 que atua como um excesso operante no número sucessor, pois é impossível, ao pensarmos na lógica do significante, que a inclusão do traço como ausência — inscrita como zero — não opere na cadeia do significante. Miller pensa na inclusão do sujeito como uma "percussão em eclipse"[234]. Tal texto foi bastante reconhecido na época e até hoje é objeto de discussão no campo lacaniano[235].

Mas quando Lacan retoma a questão da inscrição do zero, no "Momento de Concluir"[236], não é para pensar na inclusão do sujeito na estrutura, mas na *escrita do Real* como questão do dispositivo de passe. Isso provoca questões: se o real era definido como o "que não cessa de não se escrever", como poderíamos pensar no final de análise condicionado a certa escrita do Real? Assim, com o exemplo da inscrição do zero, Lacan vai dizer que é através de um forçamento por meio da escrita, por meio da escrita como artifício, que o Real pode aparecer. Se o Real só aparece por conta de haver fala e dizer, o artifício da escrita poderia comportá-lo. Tal escrita poderia ser requerida na demanda de análise ou no dispositivo de passe, e tal escrita poderia comportar o Real.

Porém, Lacan[237] revira a questão e diz que o que importa não é exatamente o que se escreve, afinal, há escrita no inconsciente: tanto no sonho, quanto nos lapsos e nos chistes, que para funcionarem, dependem de uma economia da relação entre a escrita e a

---

[234] Ibid., p. 223.
[235] Há quem diga que esse texto motivou uma leitura de Lacan na qual tudo se encerrava no significante. Porém, tal texto foi apresentado em 1965, momento no qual Lacan coloca o *objeto a* na centralidade de seu ensino. A literatura crítica deve levar em conta que o desenvolvimento teórico de diversos psicanalistas que acompanharam Lacan estava às voltas com questões que ainda não haviam se estabelecido no próprio ensino lacaniano. Sobre o ensino, Lacan afirmava: "ao se oferecer ao ensino, o discurso psicanalítico leva o psicanalista à posição do psicanalisante, isto é, a não produzir nada que se possa dominar, malgrado a aparência, a não ser a título de sintoma" (LACAN, Jacques. "Alocução sobre o ensino", 1970. In: _____. *Outros escritos*. Tradução Vera Ribeiro. Rio de Janeiro: Zahar, 2003, p. 310.
[236] LACAN, op. cit.
[237] LACAN, Jacques. *O Seminário, 25*: Le moment de conclure. Staferla, 1977-1978, p. 16. Disponível em: <http://staferla.free.fr/S25/S25.pdf>. Acesso em: 23 fev. 2023.

fala. A questão da transferência é endereçar esse escrito não apenas para um sujeito-suposto (sempre suposto) saber, mas para um "suposto-saber-ler-de-outra-forma"[238]. O "de-outra-forma" em questão é a partir de S(A̶), do S de A̶ (A̶utre, grande Outro barrado), o furo, o significante da incompletude do Outro, do significante que falta, -1, e que atesta o Real. Portanto, o escrito deve ser lido não da posição de grande Outro da decifração, da interpretação que visa o sentido, mas do furo, de algo que comporta radicalmente o furo.

O "suposto-saber-ler-de-outra-forma" é precisamente outra forma da qual o que está na posição de Outro da decifração leria. Um leitor de Joyce, por exemplo, pode desejar resolver seus enigmas, outro pode apenas *gozar* da *gozação* contida na escrita, de outro modo.

Essa *outra-forma* designa radicalmente uma falta. A questão que inclui a falta é que o *"suposto-saber-ler-de-outra-forma"*, ao invés de encarnar o suposto-saber, poderia *faltar-de-outra-forma*. Isso estende o problema e nos coloca a questão se há diferença entre essa outra-forma que o analista pretende atestar a presença e qualquer outra pessoa. Talvez o que responda essa questão seja justamente o conceito de *desejo do analista*. O desejo do analista é o que sustenta essa outra-forma a partir do próprio real que o comporta. O despertar não é despertar para a vigília, é mais saber-fazer com o sinthoma enquanto aquilo que atesta a presença do real na própria análise. Por isso a impossibilidade de se tornar analista sem atestar essa presentificação do Real na posição de analisante e suportá-la. E então, por um ato, decidir operar a partir dela.

Isso sugere algumas questões: se a saída de uma análise é a partir de S(A̶), há uma espécie de falta de garantia que implica o ato no qual o analista se autoriza de si mesmo. Por isso, não é através do reconhecimento simbólico que há uma passagem, mas da averiguação de certa forma *solitária* que um fim de análise recolhe a partir do Outro que já não serve de oráculo ou garantia. Esse é um impasse comum nas Escolas e verificamos que frequentemente há um desejo de ser analista através da garantia e do reconhecimento da Escola como grande Outro. Esse é "ou pior" de uma formação analítica que presume comensurabilidade.

---

[238] Ibid., p. 17.

No Seminário 25, Lacan coloca a própria questão do Real que a linguagem comporta, sobretudo quando inserida na transferência, campo do equívoco: "é a partir do momento em que há confusão entre esse Real — que somos levados a chamar de Coisa[239] — há uma *ambiguidade entre esse Real e a linguagem*"[240]. Nesse momento, Lacan aposta na palavra escrita enquanto o que comporta o Real: "o que é mais real é a palavra escrita, e a palavra escrita é confusa"[241].

Poderíamos dizer que, no derradeiro ensino, a proposta da escrita de um final de análise seria o ato de colocar a ambiguidade entre a linguagem e o Real no suporte da letra, partindo justamente desse o inscrito que causa na cadeia como uma aposta em algo transmissível da própria experiência de análise. Mas a questão seria muito mais quem *leria* do que a *escrita*. Afinal, as produções do inconsciente também deveriam ser lidas como escritas. Por isso, no dispositivo do passe, o *júri* não escutaria o candidato, mas os *passadores*. O problema todo é se a experiência de um final de análise foi transmitida ou não e não se propriamente houve um fim, mas é claro que é isso que é engendrado no próprio formato.

Essa é radicalmente a aposta no passe, independentemente dos estatutos históricos que incluíram em seu dispositivo questões prenhes de poder, prestígio e reconhecimento pela via do Outro que chancela.

A saída de uma análise a partir de S($\cancel{A}$) também coloca uma consequência estrutural para a própria noção de Escola enquanto Outro que chancela e aprova ou desaprova. O paradoxo é que se a Escola não pode se estabelecer como Instituição, e, portanto, como Outro consistente, como poderia existir chancela e reconhecimento? Se, pelo contrário, a Escola reúne aqueles que atestaram a saída de uma análise através de S($\cancel{A}$)? Essa radicalidade do Analista de Escola (A.E.) está presente também na primeira versão da "Proposição de

---

[239] A coisa, *das ding*.
[240] LACAN, Jacques. O Seminário, 25: Le moment de conclure. Staferla, 1977-1978, p. 16. Disponível em: <http://staferla.free.fr/S25/S25.pdf>. Acesso em: 23 fev. 2023.
[241] Ibid.

9 de outubro de 1967 sobre o psicanalista da Escola"[242]: aplica-se (A̶) a A.E. (Analista de Escola) e resta E, a Escola como uma garantia coletiva. O Analista de Escola (A.E.), na posição de S(A̶), serve então para provocar essa suposta consistência da escola como prova estável pela reunião dos A.M.E.s (Analistas Membros de Escola), estes nominados como *membros*.

Porém, com a dissolução da Escola, em 1980, Lacan coloca em questão como tal experiência de Escola se estabilizou como uma *instituição* com efeitos de *grupo*. Seu ato de dissolução[243] decretava a descontinuidade do modelo, mas a continuidade do *campo*. Podemos inferir que Lacan realizou um ato baseado em S(A̶): o ato de D'Escolagem, a partir da carta *D'Écolage*[244], que descolou o campo da dimensão da Escola como Outro que consiste como um conjunto fechado. Lacan converte a Escola em Causa e a Causa em campo: "A Causa Freudiana não é Escola, e sim campo"[245], campo de demonstração do saber-fazer que a experiência analítica implica.

Essa noção de campo pode nos dar pistas sobre o movimento que Lacan realiza no *ato* de dissolução, mas não sem colocar o cartel e o *campo freudiano* em movimento, dizendo que a Escola naquele momento era ele mesmo, o *pai severo* que *persevera*. Em outras palavras, o Nome-do-Pai que opera como S1 e não repousa de forma apaziguada na lei simbólica ou no pacto. Há algo do próprio real do qual Lacan parte para produzir o *ato* de dissolução. No próximo capítulo, trabalharemos sobre como essa questão não é lateral para pensarmos na formação do analista, pelo contrário, é impossível dissociar todo o esforço teórico Lacan da preocupação com a formação dos analistas e o quanto a Escola serve de núcleo de tal preocupação. Mas junto à Escola, a noção de cartel e de campo são fundamentais.

---

[242] LACAN, Jacques. "Primeira versão da Proposição de 9 de outubro de 1967 sobre o psicanalista da Escola". In: _____. *Outros Escritos*. Tradução Vera Ribeiro. Rio de Janeiro: Zahar, 2003, p. 582.
[243] LACAN, Jacques. "Carta de dissolução", 1980. In: _____. *Outros escritos*. Tradução Vera Ribeiro. Rio de Janeiro: Zahar, 2003.
[244] LACAN, Jacques. *D'Écolage*, 1980. Tradução de Alessandra Rocha. Disponível em: <https://www.ebp.org.br/wp-content/uploads/2020/02/22DE%CC%81colage22-Jacques-Lacan.pdf>. Acesso em: 23 fev. 2023.
[245] Ibid., p. 15.

3. O PSICANALISTA E A ESCOLA[246]

Lacan, desde o início de sua prática analítica e até antes de sua autodeclarada excomunhão da Associação Psicanalítica Internacional (I.P.A.), se preocupou com questões de grupo, coletividade, campo, cartel e formação do analista. Essas questões foram fundamentais para que propusesse uma alternativa de formação à I.P.A., a partir de sua noção de *Escola*.

Em seu texto publicado em 1947, "A psiquiatria inglesa e a guerra"[247], Lacan reflete sobre uma visita que fizera a Londres logo depois do dia em que se selou o fim da Segunda Guerra Mundial, o *V-Day*. Comparando um sentimento de irrealidade vivido pela "coletividade dos franceses" com o "término triunfal" e vitorioso dos ingleses, Lacan passou cinco semanas em solo londrino e fez observações sobre a relação entre o utilitarismo inglês e a psiquiatria na guerra. Um dos pontos que mais interessou ao psicanalista foi a noção de *grupo* assumida pela psiquiatria inglesa. A obra que Lacan usa como base para o artigo, do médico psiquiatra e membro do Instituto Tavistock, o Brigadeiro John Rawlings Rees, *The Shaping of Psychiatric by War*, impressiona pelas constantes referências à psicanálise.

---

[246] Este capítulo é um desenvolvimento de uma apresentação realizada no Encontro de Convergência/Movimento Lacaniano para a Psicanálise Freudiana de 2022, denominada "A Escola lacaniana: reflexões sobre grupo, cartel e campo", na qual o autor representou o Laço Analítico/Escola de Psicanálise. O texto foi publicado posteriormente no Correio da APPOA. Cf. GOLDBERG, Leonardo. "A Escola lacaniana: reflexões sobre grupo, cartel e campo". *Correio da APPOA*, edição 322, jul./2022.

[247] LACAN, Jacques. "A psiquiatria inglesa e a guerra", 1947. *In*: _____. *Outros Escritos*. Tradução Vera Ribeiro. Rio de Janeiro: Jorge Zahar, 2003.

É curioso que a psiquiatria inglesa, influenciada pela noção freudiana de identificação com o grupo, como aponta Lacan, tenha tido tanta expressão e tenha dividido com os militares estratégias que diziam respeito a converter um pequeno exército profissional em um exército em escala nacional, oferecendo ferramentas de grupo baseadas também na literatura psicanalítica. Testemunhamos isso visitando o próprio artigo de Rees. De acordo com o autor: "o homem *self*-centrado ou permanece distante ou explora o grupo através de uma atitude para se exibir, enquanto o homem com bom contato se identifica com o propósito do grupo, ou seja, conseguir uma solução cooperativa para resolver o problema"[248].

Lacan explica, então, que quando a guerra teve início, sob o comando do Brigadeiro Rees, ao menos duzentos e cinquenta psiquiatras instituíram testes psicológicos que tinham menos o objetivo de aferição de habilidades e mais a intenção de homogeneizar grupos de militares, evitando assim "contágios" a nível de grupo. "Contágios" estes que poderiam ser causados por déficits acentuados, psíquicos ou intelectuais, no interior de um grupo *identificado* de maneira horizontal entre seus membros. O trabalho da psiquiatria inglesa, em escala coletiva, teve uma dupla influência: de um lado, a difusão de conceitos e modos operatórios da psicanálise e, de outro, a "psicologia dita de grupo"[249]. Inclusive, no mundo anglo-saxão, começando com Kurt Lewin e sua elaboração do conceito de campo a partir da matemática vetorial.

É importante sublinharmos a citação que Lacan faz sobre o nível de elaboração da "psicologia dita de grupos" a partir de Kurt Lewin. Isso porque há um conceito de *campo* fundamental em Lewin que dialoga com a noção de *campo de forças* da física e estabelece uma topologia a partir de princípios psicológicos.

3.1. CAMPO FREUDIANO

Em 1936, Kurt Lewin escreve *Princípios de uma Psicologia Topológica* e esquematiza uma topologia da influência a partir de uma

---

[248] Tradução nossa. Cf. REES, John Rawlings. *The Shaping of Psychiatric by War*. London: Chapman and Hall, 1945, p. 69.
[249] LACAN, op. cit., p. 107.

noção de campo que permeia a relação entre a mãe e o bebê através do *olhar*. Este olhar da mãe que ora se entrecruza com o do bebê e no qual ele tenta evitar ser capturado e ora o bebê se faz olhado através de um pedaço do corpo (o braço representado pelo A'): "O jogo entre o bebê e a mãe oscila entre preservar-se da influência da mãe e ao mesmo tempo olhar para ela pronta para levar a cabo seu próprio desejo"[250].

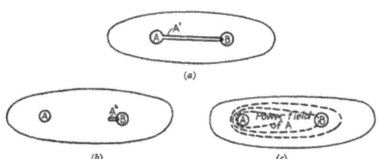

FIG. 22.—Communication of A with B by "looking at." (a) Represented as "arm" of A; (b) represented as separated region of A; (c) represented as power field of A. A, person looking at B; A', region corresponding to "looking at."[251]

É surpreendente que encontramos já em Kurt Lewin o campo de forças organizado a partir do campo escópico: do sujeito capturado pelo campo de olhar do grande Outro, do qual ora evita ser integralmente capturado e ora se faz visto. Há uma dimensão dialética do desejo que também está posta no campo por Lewin. Essa noção de superfície que permeia a relação entre a mãe e o bebê já é matematizada por Kurt Lewin e é a base de sua teoria de campo que fundamenta a psicologia de grupos.

Em Lacan, a introdução da ideia de campo de forças aparece em diversos textos, como *campo de forças do desejo*[252], em "O estádio

---

[250] *"When the child looks at the mother ready to carry out her least wish"*. Cf. LEWIN, Kurt. *Principles of topologycal psychology*. New York and London: McGrall Hill Book Company, 1936, p. 128.
[251] Ibid., p. 128.
[252] Cf. LACAN, Jacques. "O estádio do espelho como formador da função do eu", 1949. In: _____. *Escritos*. Tradução de Vera Ribeiro. Jorge Zahar Editor:

do espelho" e "Função e Campo da Fala e da Linguagem" e, de forma mais organizada, em "Posição do Inconsciente (no congresso de Bonneval)"[253]. Em tal texto, a inclusão do campo é expressiva: a libido ordenaria, como uma superfície, um campo de forças. Já em Freud, isso é tateado com o conceito de montagem e das características de pulsão.

Lacan segue o argumento e faz uma referência ao teorema de Stokes:

> A referência à teoria eletromagnética, e nomeadamente a um chamado teorema de Stokes, nos permitiria situar na condição de essa superfície apoiar-se numa borda fechada, que é a zona erógena, a razão da constância do ímpeto da pulsão, na qual Freud insiste tanto [...]. Ou seja, ao assim postular esse fluxo como invariante, o teorema estabelece a ideia de um fluxo "através" de um circuito orificial, isto é, tal que a superfície inicial já não entra em consideração[254].

Lacan, nesse momento, encontra na física uma saída para a questão da libido e o orifício poderia ser pensado como o domínio do campo vetorial, no qual a área tenta se adaptar ao campo que a entorna, buscando fins máximos ou mínimos, mas de saída excluindo a superfície inicial.

Rio de Janeiro, 1998; e LACAN, Jacques. "Função e campo da fala e da linguagem em psicanálise", 1953. *In*: _____. Escritos. Tradução Vera Ribeiro. Rio de Janeiro: Zahar, 1998.

[253] LACAN, Jacques. "Posição do Inconsciente", 1960[1964]. *In*: _____. *Escritos*. Tradução Vera Ribeiro. Rio de Janeiro: Zahar, 1998.

[254] Ibid., p. 861.

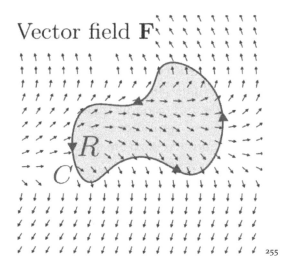

Aquilo a que Lacan alude é o simbólico que confere à libido, pensada como uma lamela, esse órgão elástico, permeável e descontínuo, a marca da letra. Da separação e, portanto, do momento em que a letra mata e acusa a perda é que, neste lugar, virão o seio, o excremento, o falo e depois o olhar, a voz, enquanto suportes do desejo do Outro. E é na tentativa de reaver essa perda original que consiste no movimento da pulsão (*trieb*):

> O sujeito falante tem o privilégio de relevar o sentido mortífero desse órgão (a libido), e, através disso, sua relação com a sexualidade. Isso porque o significante como tal, barrando por intenção primeira o sujeito, nele faz penetrar o sentido da morte[256].

Mais tarde, Lacan irá falar da metáfora de uma cadeia, através da cadeia borromeana, que cifra[257] o gozo. O verdadeiro furo é aquele

---

[255] Imagem retirada da *Khan Academy*, disponível em: <https://pt.khanacademy.org/math/multivariable-calculus/greens-theorem-and-stokes-theorem/greens-theorem-articles/a/greens-theorem>. Acesso em 23 fev. 2023.
[256] LACAN, Jacques. "Posição do Inconsciente", 1960[1964]. In: _____. *Escritos*. Tradução Vera Ribeiro. Rio de Janeiro: Zahar, 1998.
[257] Cf. LACAN, Jacques. *O Seminário, livro 23*: o Sinthoma. (1975-1976) Texto

que goza do Outro e que responde ao real enigmático da não relação a partir de um laço sintomático, *a resposta ao furo*. Esse pressuposto condiciona uma desarmonia estrutural no campo do *falasser*, orientado a um excesso que é o próprio mais-de-gozar, o objeto causa do desejo. Assim, Lacan fala também do "*campo de gozo*" quando define a centralidade de uma zona na qual o prazer seria proibido por intenso demais: "essa centralidade é o que designo como o campo do gozo, definindo-se o gozo em si como tudo o que decorre da distribuição do prazer no corpo"[258].

O conceito de gozo atravessa diversas elaborações ainda na obra de Lacan, mas podemos pensar que há uma invariante em relação ao campo: o campo não tem a ver com o *terreno* da antropologia ou o campo simbólico dos jogos, há uma dimensão topológica no que se refere ao campo em Lacan que remete mais ao campo vetorizado pelo gozo através do mais-de-gozar. No Seminário 23[259], Lacan vai chamar o gozo do Outro barrado (JA̶), o gozo fálico (JΦ) e o sentido como os três **campos** centrais produzidos entre o Real, o Simbólico e o Imaginário, com o objeto a ao centro.

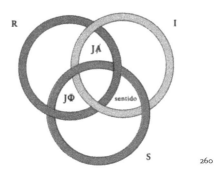

260

Os três campos centrais do esquema RSI

---

estabelecido por Jacques Allain-Miller. Tradução Sergio Laia. Rio de Janeiro: Zahar, 2007, p. 126.
[258] LACAN, Jacques. *O Seminário, livro 16*: de um Outro ao outro. (1968-1969). Texto estabelecido por Jacques-Alain Miller. Rio de Janeiro: Zahar, 2006, p. 218.
[259] LACAN, op. cit.
[260] Ibid., p. 54.

A noção lacaniana de campo é, então, profundamente atravessada pela dimensão do gozo, impossível de ser pensada se não pelo sujeito atravessado pela linguagem, pelo *falasser*. Há algo que contempla o encontro entre o "modo operatório da psicanálise" e o campo de forças de Kurt Lewin que Lacan revira a partir de seus nós borromeanos.

Pensarmos em campo a partir de sua importância conceitual nos faz colocar em questão a conversão que Lacan faz de sua *Escola* em *Campo*. O campo lacaniano seria animado então por meio de cartéis a partir da causa freudiana e, portanto, fazendo um apelo ao *desejo de Freud* enquanto causa.

Lacan afirma, na Dissolução: "A Causa Freudiana não é Escola, e sim Campo — onde cada um terá a liberdade de demonstrar o que faz com o saber que a experiência decanta"[261].

Essa é a noção da *causa* enquanto campo que iremos retomar depois de percorrer, situando um movimento que vai do grupo ao cartel e que dimensiona a conversão da escola em campo, ou escola advertida da cola e animada por enlace. A causa é precisamente a inclusão da causa analítica e, portanto, do *desejo de Freud* no interior do campo com o qual o analista irá situar sua formação. O campo, organizado a partir da causa freudiana, se organiza, ou melhor, vetoriza seu movimento através dos cartéis.

3.2. Do grupo ao cartel

O paradigma da noção de grupo elencado no texto "A psiquiatria inglesa e a guerra"[262] vai aparecer de forma consolidada com a leitura que Lacan faz de um texto escrito por Bion e Rickmann, publicado na revista *The Lancet,* em 1943, "Tensões intragrupo na terapia e seu estudo sobre a tarefa do grupo"[263]. Iremos perceber que há uma cor-

---

[261] LACAN, Jacques. *Livro 27: Dissolução (1980)*. Versão bilingue de Lacan em Pdf. Edição não comercial, Lacan.em.pdf, s/d., p. 51.
[262] LACAN, op. cit.
[263] Cf. BION, W. R.; RICKMAN, J. "Intra-group tensions in therapy; their study as the task of the group". *The Lancet*, n. 242, 1943, pp. 678-681. Disponível em: <https://doi.org/10.1016/S0140-6736(00)88231-8>. Acesso em: 23 fev. 2023.

relação bastante expressiva entre a ideia de *grupo* que se forma no desenvolvimento do texto e a ideia de *cartel* que aparece em Lacan posteriormente, como um dos dispositivos centrais da formação do analista.

O artigo revela que o impasse com o qual Bion se deparava na ocasião da guerra, era readequar para o combate quatrocentas pessoas que se encontravam em "serviço de reeducação". Estratégia: o médico iria "se servir da inércia fingida do psicanalista" e manter o grupo "ao alcance de seu verbo"[264]. Assim, seriam formados grupos e cada um se definiria por um objeto de ocupação, mas cada grupo dependeria da iniciativa dos homens, e não de um comando exterior. Além disso, cada membro iria se agregar a cada grupo conforme sua escolha ou promover outro grupo a partir de uma ideia nova. A única impossibilidade era formar dois grupos com o mesmo tema. Haveria então uma reunião, todos os dias, para levantamento e discussão sobre o andamento dos grupos.

O artigo revela que alguns grupos com temática definida foram estabelecidos e um chegou até a produzir um diagrama de atividades e participação de cada membro. Logo os grupos começaram a fazer apelos à *autoridade* por falta de equivalência entre as tarefas coletivas, como a limpeza. Bion, com a "paciência firme do psicanalista"[265], não punia, mas convocava a reflexão e discussão sobre os problemas. Até um curso de dança fora instalado no serviço e com a animação de Bion, um espírito de grupo estabelecido.

A experiência na Escola e seus apelos à autoridade — incluindo uma autoridade que evoca a paterna enquanto ordem — são frequentes, e a experiência demonstra bem o quanto uma tarefa realizada "a mais" pode ser cobrada de pares que estariam realizando "a menos". Essa economia subjetiva e, portanto, troca, deve ser advertida em um campo do gozo e não do apelo. Lacan, nesse momento, traz a ideia de *grupo sem líder*, de Bion, sem autoridade preestabelecida e organizado a partir de uma tarefa comum.

No Ato de Fundação da Escola Freudiana de Paris (E.F.P.), Lacan faz um chamado ao modelo de dispositivo que ele chamaria de *car-*

---

[264] LACAN, Jacques. "A psiquiatria inglesa e a guerra", 1947. *In*: _____. Outros Escritos. Tradução Vera Ribeiro. Rio de Janeiro: Jorge Zahar, 2003, p. 114.
[265] BION; RICKMAN, op. cit.

tel: "o grupo constituído por escolha mútua segundo o ato de fundação, e que se chamará cartel, apresenta-se para minha aprovação com o título do trabalho que cada um tencione levar adiante nele"[266].

A essa formação dos cartéis, constituídos idealmente entre três e cinco pessoas, adiciona-se a função do *mais-um*, um provocador que, advertido de não ocupar lugar daquele que sabe, apenas mobiliza o cartel em direção de sua temática e, portanto, *anima* o conjunto. Animação possível apenas pelo desejo e sua convergência com a transferência de trabalho, fundamental para que do cartel surjam produtos de seus participantes.

Advertir a Escola do efeito de cola a partir dos cartéis dá pistas de uma noção psicanalítica também de massa e do coletivo: a evitação dos efeitos imaginários é sempre um apelo não à autoridade, mas ao "alcance do verbo". Ao invés de se ancorar no institucionalismo, a ideia era que o campo fosse animado a partir da *causa*.

A questão é que Lacan fazia o papel daquele que instituía, destituía, provocava e estabelecia. Como ele mesmo afirmou, agia como um *pai severo*, que *persevera*. Será que uma Escola poderia prescindir do pai? De um S1 que dá certa direção à causa? Essa é uma questão contínua e que, talvez, no interior da experiência de Escola, essa noção de pai possa ser interrogada no real, como Lacan afirmou no Seminário 22[267]. De outro modo, instituições psicanalíticas contemporâneas fazem um apelo à experiência de coletivo e de coletividade ao invés da experiência de Escola na formação do analista. Esses coletivos costumeiramente se estruturam da maneira mais horizontal possível, tentando diluir qualquer ocupação de uma posição diferente por qualquer um de seus membros. Isso nos convoca a questões do *campo*. Parece-nos que há um uso pouco rigoroso da noção de coletivo que Lacan assinala, sobretudo a partir de seu texto que trata sobre o tempo lógico[268], tão importante para fundamentar a *escansão* e suas sessões curtas, que produziram crises expressivas na relação entre Lacan e a I.P.A.

---

[266] LACAN, Jacques. "Ato de fundação", 1964. *In*: _____. *Outros Escritos*. Tradução Vera Ribeiro. Rio de Janeiro: Jorge Zahar, 2003, p. 241.
[267] Cf. no capítulo sobre o Nome-do-Pai (LACAN, op. cit.).
[268] LACAN, Jacques. "O tempo lógico e a asserção da certeza antecipada", 1945. *In*: _____. *Escritos*. Tradução Vera Ribeiro. Rio de Janeiro: Zahar, 1998.

3.3. O APELO DA MASSA AO COLETIVO

A paixão da massa, em Freud, é modelada a partir de uma *idealização* que suspende o juízo. Tal paixão, dependendo do entusiasmo, pode chegar a ponto de o *objeto* se colocar no lugar de *ideal de eu*. A representação gráfica que Freud[269] esboça sobre a constituição libidinal da massa — em seu texto "Psicologia das massas e análise do eu" — demonstra que o que faz conjunto é a identificação de vários indivíduos a partir de um mesmo *ideal de eu*. Isso é uma questão fundamental para pensarmos no apelo, no empuxo à massa ao qual todas as Escolas estão sujeitas, sobretudo quando existe um líder que convoca às identificações a partir de uma posição não advertida desse exercício.

O elemento homogeneizante da massa, portanto, é um *eu* e um *ideal* pareados. Mas esse lugar, estruturalmente, deve supor que haja um que escape. Que o "pai da ordem primeva era livre"[270] e que virtualmente ele fosse livre da lei da castração é o que norteia o mito. No real da política, a tentativa de encarnar esse Um primevo, escamoteando sua inconsistência lógica — como um Gaddafi fez na Líbia —, é costumeiramente sucedida pelo parricídio. Do ponto de vista da Escola, é importante precisamente a dimensão de que esse *há um* que escapa seja virtualmente colocada em questão a partir do próprio agrupamento.

O que o líder, em Freud, "corporifica" é um *ideal* da massa. Lacan[271], sobre esse texto, vai dizer que:

> [...] a questão que ele inaugura na Psicologia das massas e análise do Eu é a de como um objeto, reduzido à sua realidade mais estúpida, porém colocado por um certo número de sujeitos numa função de denominador comum, que confirma o que diremos de sua função de insígnia, é capaz de precipitar a

---

[269] FREUD, Sigmund. *Obras completas, volume 15*: Psicologia das massas e análise do eu (1921). Tradução de Paulo Cesar de Souza. São Paulo: Companhia das Letras, 2011.
[270] Ibid., p. 67.
[271] LACAN, Jacques. "Observações sobre o relatório de Daniel Lagache", 1966. *In*: _____. *Escritos*. Tradução Vera Ribeiro. Rio de Janeiro: Zahar, 1998, p. 684.

identificação com o Eu Ideal, inclusive no débil poder do infortúnio que no fundo ele revela ser. Será preciso lembrarmos, para tornar inteligível a importância dessa questão, a figura do Führer e os fenômenos coletivos que deram a esse texto seu peso de vidência no cerne da civilização?

Lacan pontua[272] que é a partir da fala que um Eu, em seu *status* imaginário, poderia ser reformulado. A dimensão da destituição subjetiva implica a fala, é claro, mas, mais que isso, há algo da identificação que deve ser advertido justamente no campo analítico. De saída, se há uma noção de grupo, instituição ou coletivo que presume a exclusão do *real*, há uma identificação que repousa no ideal coletivo de apaziguamento e comensurabilidade. A noção de coletivo foi largamente adotada a partir do texto de Lacan sobre o tempo lógico, porém, nesse texto, Lacan deixa bastante evidente que o coletivo é o coletivo de significantes, que não repousa em universais, e não o de indivíduos, que invariavelmente se converte ao institucionalismo imóvel da idealização.

Na conceitualização do tempo lógico, Lacan[273] vai acrescentar à noção de *coletividade* uma dimensão *lógica* que não se restringe ao conjunto fechado, mas que inclui a temporalidade em seu funcionamento. Da tríade temporal — o instante de ver, o tempo de compreender e o momento de concluir — sabemos que o tempo de concluir o tempo de compreender deve ser curto exatamente para que os prisioneiros possam sair a partir de uma lógica comum que depende de um manejo do tempo: da "verdade do sofisma como referência temporalizada de si para o outro"[274].

Porém, a noção de coletivo enquanto uma "intersubjetividade" que apazigua o conflito no comum acordo e, portanto, na ideia de que a lógica coletiva seria uma referência de Lacan à possibilidade de que haja uma intersubjetividade que se baseie no compartilhamento do tempo de compreender — tão expressiva nos apelos aos "cuidados grupais" em terapêuticas de equipe, nas corporações e até

---

[272] Ibid., p. 684.
[273] LACAN, Jacques. "O tempo lógico e a asserção da certeza antecipada", 1945. In: _____. *Escritos*. Tradução Vera Ribeiro. Rio de Janeiro: Zahar, 1998.
[274] Ibid., p. 211.

em escolas psicanalíticas excessivamente institucionalizadas — se desmonta em sua nota final que Lacan escreve, "**o coletivo não é nada senão o sujeito do individual.**"[275].

Eric Porge vai dizer que "a noção de coletivo no tempo lógico seria uma maneira de introduzir ao um-a-mais do sujeito"[276] em uma lógica que poderia ser interpretada como o apaziguamento da coletividade dos indivíduos e não de uma cadeia de significantes na qual o sujeito irá ser representado, aparecer de maneira evanescente. É porque a cadeia de significantes contém *um-a-mais* que o prisioneiro A não é idêntico a A, que depende da cadeia temporal com B e C.

O coletivo de Lacan é precisamente um coletivo de significantes, e não um coletivo de indivíduos. Podemos pensar na lógica do coletivo a partir de um dos textos mais importantes sobre a lógica da fantasia, de Freud, o "Bate-se em uma criança"[277]. Na cadeia que se estabelece entre os significantes, a criança (A) vê que outra criança (B) é surrada pelo pai (C). Essa oposição A-BC só é possível por uma cadeia em que A toma B e C como objetos, e B e C se fazem vistos por A. O sujeito aparece em A, B e C. Enquanto excesso, ou um-a--mais, ele aparece para na sequência desaparecer. Há também uma dialética em jogo, pois ele aparece na posição de objeto cindido do sujeito e, portanto, em uma montagem da fantasia. É a própria lógica da fantasia inconsciente, $ $\lozenge$ a, que se demonstra a partir da cena. À lógica ela pode ser reduzida.

O ato, através da "asserção subjetiva antecipatória" de que, por exemplo, ao fantasiador perguntado sobre quem fantasia essa cena, que viesse a responder algo como "acho que tem algo a ver comigo", conclui que o *[eu]* serve momentaneamente como "denominador comum do sujeito recíproco". Esse seria um exemplo da lógica coletiva baseada no campo dos significantes. Há um momento no qual

---

[275] Ibid., p. 213.
[276] PORGE, Eric. *Psicanálise e tempo*: o tempo lógico de Lacan. Tradução de Dulce Duque Estrada. Rio de Janeiro: Campo Matêmico, 1994, p. 103.
[277] FREUD, Sigmund. "Bate-se em uma criança: contribuição para o estudo da origem das perversões sexuais", 1919. *In*: _____. *Obras Incompletas de Sigmund Freud*: Neurose, psicose, perversão. Tradução de Maria Rita Salzano Moraes. Belo Horizonte: Autêntica Editora, 2016.

o sujeito se *reconhece* na cena a partir do coletivo dos significantes, sobretudo pela via da intervenção do analista.

O problema da *intersubjetividade* que a noção de tempo lógico pode nos trazer de maneira equivocada também é trabalhado no Seminário 20, quando Lacan evoca o texto escrito anos antes:

> [...] Pode-se ler muito bem ali, se se escreve, e não somente se se tem um bom ouvido, que a função da pressa, já é esse *a* minúsculo que a tetiza. Ali, valorizei o fato de que algo como uma intersubjetividade pode dar com uma saída salutar. [...] Em outros termos, eles são três, mas na realidade são dois mais *a*. Esses dois mais a, no ponto do *a*, se reduz, não aos outros dois, mas a Um mais a[278].

Deparamo-nos com um afastamento de uma primeira noção de coletivo como uma intersubjetividade aplainada entre indivíduos e, portanto, algo que dê aval ao grupo como uma comunidade, como o que comunga. O coletivo dos significantes se refere em uma relação ao objeto a, causa do desejo.

No caso da fantasia de surra: são três. Mas são dois, uma criança vê (1) que outra criança (2) é surrada pelo pai (a). Do ponto do pai (a) é o UM (uma criança que vê outra criança, sem divisão) apanhando do pai (a). É a lógica da fantasia que se impõe nesse coletivo dos significantes: uma criança vê outra criança ($) apanhando, sendo espancada ($\lozenge$, punção) pelo pai (a), $ $\lozenge$ a.

Quando Lacan afirma que o psicanalista opera no "alcance de seu verbo", ele inclui a exterioridade do simbólico que, estruturalmente e de saída, implica em uma desarmonia que obriga a ideia de uma Escola sempre *destituída*, e não uma *instituição*. Se o inconsciente é estruturado como uma linguagem e ao mesmo tempo "o inconsciente é a política!"[279], como Lacan chega a afirmar em seu seminário sobre a lógica do fantasma, por uma consequência estrutural não há

---

[278] LACAN, Jacques. *O Seminário, livro 20*: Mais ainda. 1972-1973. Texto estabelecido por Jacques-Alain Miller. Rio de Janeiro: Zahar, 1985, p. 67.
[279] LACAN, Jacques. *O Seminário, livro 14*: A lógica do fantasma (1977-1967) (Inédito). Editado pelo Centro de Estudos Freudianos do Recife. Recife: CEFR, 2008, p. 350.

harmonia possível no ponto em que pensamos na reunião dos analistas para a formação do analista. A aposta na fala é radical para que o real e o resto sejam inclusos na própria faceta da formação, seja em ato ou na produção do sintoma. Essa aposta não deve derivar para qualquer semiologia do cuidado que se oriente à benevolência, o que deriva invariavelmente ao "... ou pior" que supõe relação recíproca. A própria noção de campo e de cartel não são fortuitas: o campo é orientado a partir da causa e, portanto, do desejo que inclui o *objeto a* como vetor. Já o cartel necessita do mais-um para não aplainar o trabalho de transferência em colagens.

Pensamos que a função que Lacan coloca para o Analista de Escola tem a ver com resguardar a causa analítica por meio de uma espécie de presença que atesta o real, a partir de S(A̶).

3.4. O laço através de S(A̶) e a aposta na transmissão

Alain Didier-Weill revela alguns impasses que constatou no testemunho das próprias análises através do passe: o psicanalista conta que em determinado momento foi assistir à fala sobre a própria análise de um de seus analisantes, que durante seu processo analítico forjava soluções inventivas diante de seus impasses frente ao real, mas que no momento de sua transmissão pública, em uma Escola parisiense, seu discurso estava bastante empobrecido: "No discurso extremamente tradicional que ele sustentava, eu não podia mais reconhecer nenhum traço do sujeito metaforizante que eu havia escutado durante tantos anos"[280].

Didier-Weill se atém então ao dualismo que há entre a *experiencia da análise* e seu *modo de transmissão*. Mais do que isso, se interroga como alguns psicanalistas, incluindo discípulos de Freud, ainda que tenham passado pela experiência de uma análise, estabeleceram uma descontinuidade em sua transmissão, por exemplo, forjando correntes e tradições que privilegiavam uma dimensão *euóica* e não consentiram à política da falta-a-ser e da divisão subjetiva própria do inconsciente. De tal modo que isso enfatiza a contradição entre

---

[280] DIDIER-WEILL, Alain. *Lacan e a clínica psicanalítica*. Estabelecimento do texto e tradução Luciano Elia. Rio de Janeiro: Contracapa, 1998, p. 66.

a consequência teórica do sujeito do inconsciente e a autorização por parte de uma instituição que reconhece analistas e não analistas, como a I.PA..

O sujeito do inconsciente não é passível de autorização a partir de uma lógica na qual o Outro enquanto Escola *consiste*. Se assim o é, ele deve autorizar de si mesmo porque passou por uma análise e averiguou o Outro barrado (Ⱥ) que não pode mais ser encarnado pela comunidade institucional. Se (Ⱥ), a consequência lógica é que a autorização parta de si mesmo enquanto ato, o que pode ser corroborado por um conjunto formado no momento, *alguns outros*, sem qualquer pretensão de premissas universais do Outro (A).

Didier-Weill destaca que é justamente nesse ponto que o passe entra: pois se não há garantia estabelecida via instituição imóvel, como seria possível a transmissão? Há algo do ato que produz efeito e uma passagem de psicanalisante a psicanalista que poderia ser transmitida a outros. Essa transmissão deveria então ser ouvida por *passadores*. Didier-Weill destaca que estes devem saber "suposto poder ouvir", "o passador será assim aquele que ri do chiste"[281], porque fundamentalmente o que se transmite é da ordem do chiste, há uma analogia entre a *palavra de passe* e o *chiste*. Esses passadores deveriam então traduzir aquilo que eles escutaram a um júri.

Nesse ponto, remetemos ao capítulo anterior quando Lacan fala em "Momento de concluir"[282], que toda a questão é saber ler de outra forma, através do próprio furo, S(Ⱥ). Não ao acaso, a saída de uma psicanálise é análoga à posição da mulher, *não toda* — que não *existe* a partir de um modelo pretensamente universal, como o do homem a partir do pai primevo como tipo e exceção —, mas que se torna *uma a uma*.

Didier-Weill também cita a primeira versão da Proposição[283]. Essa primeira versão é bastante importante e traz um elemento funda-

---

[281] Ibid., p. 74.
[282] LACAN, Jacques. O Seminário, 25: Le moment de conclure. Staferla, 1977-1978, p. 16. Disponível em: <http://staferla.free.fr/S25/S25.pdf>. Acesso em: 23 fev. 2023.
[283] LACAN, Jacques. "Proposição de 9 de outubro de 1967 sobre o psicanalista da Escola". In: _____. *Outros Escritos*. Tradução Vera Ribeiro. Rio de Janeiro: Zahar, 2003.

mental para pensarmos no dispositivo do passe. Nela, Lacan acentua que o Analista de Escola (A.E.) é aquele que articula S($\cancel{A}$). Como referimos anteriormente, é também como ele pensa a transmissão de uma análise no final de seu ensino, no momento de concluir, através da escrita. Didier-Weill diferencia então duas formas de transmissão: "aquela que é própria ao significante S($\cancel{A}$) quando ele é articulado, transmissão que faz com que ele se transmita sozinho, e aquela que depende da militância"[284]. O da militância supõe que a consistência do pai está em perigo, seja tal consistência (A) encarnada em determinada escola, instituição, figurão ou opção de leitura específica.

Há uma dimensão do desejo, e não da demanda, que pode ser transmitida no passe se este veicular S($\cancel{A}$), o significante que radicalmente veicula a insubmissão do objeto ao conjunto dos significantes, seu descolamento, não apaziguamento, o real da não relação e a divisão subjetiva aos quais o sujeito em uma análise testemunhou. É por isso que em seu derradeiro ensino Lacan falou tanto da escrita enquanto suporte do real: que dependia muito mais de um outro modo de ler do que propriamente de qualquer crivo daquilo que foi escrito. Como consequência, a função dos passadores foi tão enfatizada na experiência do dispositivo de passe.

Aliás, sobre essa noção de verificação de que a *palavra do passe*[285], assim como o chiste, funcionou no só-depois, Lacan dá sinais desde o início de seu ensino, quando cita a *psicanálise divertida*. Tal sintagma não é fortuito, "quanto mais próximos estamos da psicanálise divertida, mais se trata da verdadeira psicanálise"[286]. Isso dá um acento bastante evidente ao chiste enquanto analogia da palavra, do testemunho de passe, para que este não se converta a uma espécie de romance solene de si mesmo, tão costumeiro em celebrações de passe.

---

[284] Ibid., p. 75.

[285] Que é traduzida como palavra do passe justamente por chiste, em francês, ser traduzido por *mot d'espirit*. *Mot de passe*, como Luciano Elia explica, joga com o chiste (mot d'espirit). Cf. DIDIER-WEILL, Alain. *Lacan e a clínica psicanalítica*. Estabelecimento do texto e tradução Luciano Elia. Rio de Janeiro: Contracapa, 1998, p. 89.

[286] LACAN, Jacques. *O Seminário, livro 1*: os escritos técnicos de Freud, 1953-1954. Texto estabelecido por Jacques-Alain Miller. Rio de Janeiro: Zahar, 2009, p. 94.

O PSICANALISTA E A ESCOLA

De fato, apesar de Didier-Weill[287] fazer a distinção entre S(A̶) e a militância, e até indicar que Freud não dependeu de uma instituição para iniciar sua transmissão de S(A̶), através um desejo inaugural — afinal, Freud foi o primeiro a efetivamente veicular o desejo do analista através da prática —, Lacan não aboliu uma dimensão relativamente estável no interior da Escola, representada pelos seus Analistas Membros de Escola (A.M.E.). Se o Analista de Escola veicula S(A̶), o Analista Membro de Escola, aquele nomeado e reconhecido por seus pares, é, como Lacan aponta, S(A) e, portanto, representa o grande Outro[288].

Então, o dispositivo de passe serve como uma *abertura* e o que provoca, atesta a presença do real através de S(A̶) e da figura dos Analistas de Escola (A.E.). De acordo com Luciano Elia, os Analistas de Escola (A.E.) elaboram sua função a partir da interrogação sobre "o que é um psicanalista":

> Esta é, na verdade, a principal questão de uma escola, e, por sua condição estritamente literal, não pode ser respondida ou articulada em palavras, mas exige que aquele que a toma em seu encargo, o AE, a tome em ato, relançando-a permanentemente, tornando-se, no dizer de Lacan, analista de sua própria experiência — e, portanto, também da própria Escola[289].

Há uma função do Analista de Escola que não estabiliza, mas da qual se atesta a presença do real em ato. Se tal função tem a ver com uma espécie de análise da própria Escola, o que o A.E. comporta é um semblante de objeto causa do desejo.

Mas isso não fez com que Lacan prescindisse dos A.M.E.s, que de certa forma fazem conjunto por meio de um agrupamento. Podemos pensar que o A barrado, A̶, além de fazer barra ao grande Outro,

---

[287] DIDIER-WEILL, op. cit.
[288] Cf. LACAN, Jacques. "Primeira versão da Proposição de 9 de outubro de 1967 sobre o psicanalista da Escola". In: _____. *Outros Escritos*. Tradução Vera Ribeiro. Rio de Janeiro: Zahar, 2003, p. 585.
[289] ELIA, Luciano da Fonseca. "A lógica da diferença irredutível: a formação do psicanalista não é tarefa da universidade". *Estudos e Pesquisas em Psicologia*. Rio de Janeiro, n. 4, v. 16, 2016.

demonstra a impossibilidade de um universal que garanta o reconhecimento do analista. Assim como "a mulher não existe", "não há A̶nalista" enquanto modelo universal ou universalizante a partir de um reconhecimento que faz conjunto, e é isso que de certa forma o Analista de Escola provoca na Escola já a partir de sua urgência para se candidatar ao dispositivo de passe.

Vejamos como Lacan esmiúça o formato: "Detenhamo-nos. Apliquemos S(A̶) a AE. Isso dá E. Resta a Escola, ou a Prova [*Épreuve*], talvez. Pode indicar que um psicanalista sempre deve poder escolher entre a análise e os psicanalistas"[290]. Tal passagem deixa evidente que o dispositivo de passe — através dos Analistas de Escola — provoca, se eficiente, a *instabilidade* da Instituição enquanto garantia e conjunto fechado.

Eliminar a tensão por meio da abolição do passe, sobretudo se isso for ocasionado pelo argumento do apaziguamento e da harmonia, conduz a experiência de Escola ao estabelecimento do *sintoma-religioso*, que, assim como comentamos anteriormente sobre a saída de Paulo frente ao real, só pode ser sustentado pela moral, e do idealismo, de um conjunto de normas que estabelecem o que se deve e o que não se deve fazer como psicanalista, sobretudo para *ignorar* o real, as "partes baixas", o *acheronte*[291], se afastando diametralmente de qualquer possibilidade de transmissão de S(A̶). Sem dúvida, o caráter de tal transmissão depende de um ato, analítico por excelência, afinal é impossível anteceder a passagem através de qualquer cálculo pensante.

Isso não quer dizer que haja uma faceta do passe que resguarde enquanto *garantia* a transmissão. A prática e a história mostraram o quão problemático o dispositivo se mostrou ao ponto de Lacan declará-lo um *fracasso*. Porém, é importante apontarmos sua susten-

---

[290] LACAN, Jacques. "Primeira versão da Proposição de 9 de outubro de 1967 sobre o psicanalista da Escola". In: _____. Outros Escritos. Tradução Vera Ribeiro. Rio de Janeiro: Zahar, 2003, p. 587.
[291] Referência ao *acheronte*, rio do inferno, passagem da Eneida, de Virgílio, citada por Freud na epígrafe de *A Interpretação dos sonhos*: "flectere si nequeos súperos, acheronta movebo" ("se não dobro os céus, moverei *Acheronte*, o rio do inferno"). Cf. FREUD, Sigmund. *A interpretação dos sonhos (1900)*. Tradução de Paulo César de Souza. São Paulo: Companhia das Letras, 2019.

tação no que concerne a introduzir a psicanálise em intensão na prática institucional, na qual há quase um empuxo para que se converta à Igreja e ao Exército. A questão do fracasso também não é aleatória, em Lacan, se o dispositivo fosse um *sucesso* provavelmente teria apagado algo que concerne ao real. A própria análise tem que ver com uma espécie de testemunho do fracasso no que concerne ao modo de gozar do neurótico.

Então, Didier-Weill[292] coloca algumas propostas que poderiam balançar a hierarquia e a entificação do "ser analista" através de um dispositivo análogo ao do passe: que algo de S(Ⱥ) seja transmitido, como um chiste, e que em um primeiro tempo aqueles que escutam apenas respondam, como aquele que ri do chiste, que respondam inconscientemente se compreenderam aquilo que escutaram. Se houve um trabalho inconsciente, algo foi passado, sem a necessidade de júri ou um cartel pomposo que o defina. Mas ao invés de responder imediatamente, Didier-Weill propõe um tempo de compreensão, um afastamento temporal para que a resposta não seja, como tão frequentemente o é, a partir do *eu*. Na nova reunião, segundo tempo, então, aqueles que encontraram na primeira fala algo que foi transmitido, como um fato de estrutura, como algo que produziu uma elaboração, causados por S(Ⱥ), o transmitam. Então, ainda haveria um *terceiro tempo*, no qual aqueles que testemunharam os dois tempos, o do emissor e o da elaboração do receptor, que pudessem se manifestar e aferir se algo de novo realmente apareceu. Esse dispositivo, ainda que não seja exatamente o dispositivo de passe, recolhe algo da provocação e da proposta de Lacan enquanto estrutura.

Além disso, para Didier-Weill, o dispositivo poderia contar com um modelo interinstitucional por conta da proximidade que os analistas têm entre seus pares institucionais. Que, advertidos desse efeito de cola, pudessem encontrar em outras instituições o endereço de tal dispositivo, no um a um. Esse seria um movimento *insistencional* (neologismo entre insistência e instituição), traduzindo a própria dimensão do inconsciente que insiste em veicular o desejo.

Essa proposta é interessante, mas de certa forma pode conduzir à "política de boa-vizinhança", que intensifica os efeitos imaginários

---

[292] DIDIER-WEILL, op. cit.

da consistência dos grupos. Buscar outra instituição para fazer valer o dispositivo implica invariavelmente na crença da consistência de *uma* Instituição e *outra* instituição, como se fossem conjuntos fechados ou figuras esféricas.

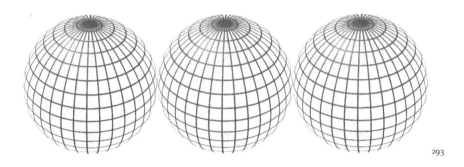

A ideia interinstitucional pode recair na *topologia da esfera*: como se as instituições se tratassem de formações de superfícies fechadas, alinhadas ao centro, que contêm *dentro* e *fora*. Esse modelo supõe que as instituições sejam estáveis e autocentradas a partir de um reconhecimento que coloca o centro em evidência. Pensamos que o modelo tórico seja mais interessante para pensarmos na Escola e o dispositivo não recair em um princípio de identidade próprio de um clã,

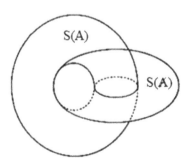

---

[293] Figura retirada da Wikipedia, verbete "Esfera". Disponível em: <https://es.wikipedia.org/wiki/Esfera#/media/Archivo:Sphere_wireframe>. Acesso em 24 fev. 2023.

Assim, a função dos Analistas de Escola (A.E.) tem a ver com colocar sua própria falta, a partir da posição de semblante do furo da Escola, e mobilizá-la em direção ao desejo, advertidos da incomensurabilidade, do "não há relação" e do impossível da estabilidade harmônica.

Entretanto, a ideia das três reuniões pode ser uma proposta bastante profícua do dispositivo. Mas pensamos que é importante também levar em consideração algumas variáveis do ensino derradeiro de Lacan, por exemplo, a ideia da escrita do real que comporta algo transmissível, como abordamos no último capítulo. Assim como Didier-Weill fala sobre a transmissibilidade do inconsciente, é preciso destacar que Lacan enfatiza bastante em seu último ensino o real que o inconsciente comporta, ao qual o analista deveria despertar. Esse é o resto inanalisável com o qual o sujeito se depara em um fim de análise e do qual ele pode dar um testemunho que interesse aos analistas.

O saber-fazer com o sintoma tem a ver com o que pode ser transmitido desse modo singular, desse truque singular do qual o sujeito irá se valer para lidar com o real através do sintoma e com o qual se depara no final de análise e que não pode se encerrar na decifração do inconsciente ou na *transferência*, mas que inclua ainda o ponto singular e indecifrável de seu modo de gozar.

Parece-nos que, advertidos disso, podemos pensar tanto na proposta de Didier-Weill quanto em outros modos de dispositivos, de apostas na transmissão de uma análise que façam valer a radicalidade com a qual Lacan impõe a um conjunto que tem tendência a se fechar o S($\bar{A}$), operado pelos Analistas de Escola (A.E.).

Se o *despertar* fosse abrir os olhos quando algo do real nos atravessa, estaríamos na pura evitação. Se o *despertar* for romantizado a partir de uma má leitura sobre a sublimação, estaríamos no campo do idealismo. Se o *despertar* fosse o horizonte da queda do corpo pecaminoso, estaríamos na religião. O despertar passível de transmissão tem a ver com algo que ateste a presença do real, S($\bar{A}$), com o qual aquele que topou uma análise não pensou tê-lo eliminado, mas soube se fazer-valer, inventar um modo próprio de realizar e gozar a partir do furo, ambiguidade entre o real e a linguagem, como Lacan descreveu em seu momento de concluir[294].

---

[294] LACAN, op. cit.

REFERÊNCIAS BIBLIOGRÁFICAS

AGOSTINHO. *De Magistro* [recurso eletrônico]. Tradução, organização, introdução e notas Antonio A. Minghetti. Porto Alegre, RS: Editora Fi, 2015.

BÍBLIA. N. T. *Carta aos Romanos*. 5:13. Editora Paulus. Disponível em: <https://biblia.paulus.com.br/biblia-pastoral/novo-testamento/cartas-de-sao-paulo/carta-aos-romanos/5>. Acesso em: 23 fev. 2023.

BION, W. R.; RICKMAN, J. "Intra-group tensions in therapy; their study as the task of the group". *The Lancet*, n. 242, 1943, pp. 678-681. Disponível em: <https://doi.org/10.1016/S0140-6736(00)88231-8>. Acesso em: 22 fev. 2023.

DENEZ, Frederico; VOLACO, Gustavo Capobianco (Orgs.) *Lacan in North Armorica* (1976) [recurso eletrônico]. Porto Alegre: Editora Fi, 2016.

DICHI, Isaac. *A fonte da vida*. Congregação Mekor Haim, 2005.

DIDIER-WEILL, Alain. *Lacan e a clínica psicanalítica*. Estabelecimento do texto e tradução Luciano Elia. Rio de Janeiro: Contracapa, 1998.

DUARTE, Paulo Mosânio Teixeira. "Das associações morfossemânticas entre semantemas". *Rev. De Letras*. Fortaleza, n. 11, v. 2, jul./dez. 1966, pp. 109-120.

ELLMANN, Richard. *James Joyce*. New York: Oxford University Press: 1982.

ELIA, Luciano da Fonseca. "A lógica da diferença irredutível: a formação do psicanalista não é tarefa da universidade". *Estudos e Pesquisas em Psicologia*. Rio de Janeiro, n. 4, v. 16, 2016.

BRÉHIER, Émile. *A teoria dos incorporais no estoicismo antigo*. Belo Horizonte: Autêntica, 2012.

FISCHER, Steven Roger. *Uma breve história da linguagem*. Tradução Flávia Coimbra. Osasco: Novo Século Editora, 2009.

FREUD, Sigmund. "A análise finita e a infinita", 1937. *In*: _____. *Fundamentos da clínica psicanalítica*. Tradução de Claudia Dornbusch. Belo Horizonte: Autêntica Editora, 2017.

FREUD. Sigmund. "A dissolução do complexo de Édipo", 1924. *In*: _____. *O Eu e o Id, "Autobiografia" e outros textos (1923-1925)*. Vol. 16. Trad. Paulo César de Souza. São Paulo: Companhia das Letras, 2010.

FREUD, Sigmund. *A interpretação dos sonhos (1900)*. Tradução de Paulo César de Souza. São Paulo: Companhia das Letras, 2019.

FREUD, Sigmund. *A pulsão e seus destinos (1915)*. Tradução de Pedro Heliodoro Tavares. Belo Horizonte: Editora Autêntica, 2019.

FREUD, Sigmund. "Bate-se em uma criança: contribuição para o estudo da origem das perversões sexuais", 1919. *In*: _____. *Obras Incompletas de Sigmund Freud:* Neurose, psicose, perversão. Tradução de Maria Rita Salzano Moraes. Belo Horizonte: Autêntica Editora, 2016.

FREUD, Sigmund. "Carta a Fliess 242", 1937. *In*: _____. *Fundamentos da clínica psicanalítica*. Tradução de Claudia Dornbusch. Belo Horizonte: Autêntica Editora, 2017.

FREUD, Sigmund. *Obras completas, volume 15:* Psicologia das massas e análise do eu (1921). Tradução de Paulo Cesar de Souza. São Paulo: Companhia das Letras, 2011.

FREUD. Sigmund. "O eu e o isso", 1923. *In*: _____. *O Eu e o Id, "Autobiografia" e outros textos (1923-1925)*. Vol. 16. Trad. Paulo César de Souza. São Paulo: Companhia das Letras, 2010.

FREUD, Sigmund. "Psicologia das massas e análise do Eu", 1921. *In*: _____. *Obras completas*. Tradução Paulo César de Souza São Paulo: Companhia das Letras, 2011.

FREUD, Sigmund. *Sobre a psicopatologia da vida cotidiana (1904)*. Tradução de Renato Zwick. Porto Alegre: LePM, 2019.

FREUD, Sigmund. "Totem e Tabu", 1912/1913. *In*: _____. *Totem e Tabu, Contribuição à história do movimento psicanalítico e outros*. Companhia das Letras, 2012.

GOLDBERG, Leonardo. "A Escola lacaniana: reflexões sobre grupo, cartel e campo". *Correio da APPOA*, edição 322, jul. 2022.

GOLDBERG, Sidnei. "Notas sobre um seminário interrompido". *Correio da APPOA*, 2018. Disponível em: <https://appoa.org.br/correio/

edicao/279/notas_a_respeito_de_um_seminario_interrompido/612>. Acesso em: 23 fev. 2023.

JOYCE, James. *A Portrait of the Artist as a Young Man* [eBook]. 2020. Disponível em: <https://www.gutenberg.org/files/4217/4217-h/4217-h.htm#link2HCH0005>. Acesso em 23 fev. 2023.

JOYCE, James. *Retrato do artista quando jovem*. Tradução de José Geraldo Vieira. São Paulo: Civilização Brasileira, 1987.

JOYCE, James. *Ulisses*. Tradução de Bernardina da Silveira Pinheiro. Editora Objetiva Ltda. Rio de Janeiro, 2005.

LACAN, Jacques. "A instância da letra no inconsciente ou a razão desde Freud". In: _____. *Escritos*. Tradução de Vera Ribeiro. Jorge Zahar Editor: Rio de Janeiro, 1998.

LACAN, Jacques. "Alocução sobre o ensino", 1970. In: _____. *Outros escritos*. Tradução Vera Ribeiro. Rio de Janeiro: Zahar, 2003.

LACAN, Jacques. "A psiquiatria inglesa e a guerra", 1947. In: _____. *Outros Escritos*. Tradução Vera Ribeiro. Rio de Janeiro: Jorge Zahar, 2003.

LACAN, Jacques. "A significação do falo", 1958. In: _____. *Escritos*. Tradução de Vera Ribeiro. Jorge Zahar Editor: Rio de Janeiro, 1998.

LACAN, Jacques. "A terceira". In: _____. *Textos complementares ao Seminário 22, R.S.I. (1974)*. Tradução Luc Matheron. Edição não comercial destinada aos membros do Fórum do Campo Lacaniano, 2022.

LACAN, Jacques. "Ato de fundação", 1964. In: _____. *Outros Escritos*. Tradução Vera Ribeiro. Rio de Janeiro: Jorge Zahar, 2003.

LACAN, Jacques. "Carta de dissolução", 1980. In: _____. *Outros escritos*. Tradução Vera Ribeiro. Rio de Janeiro: Zahar, 2003.

LACAN, Jacques. "Coletiva de imprensa do Dr. Lacan". In: _____. *Textos complementares ao Seminário 22, R.S.I. (1974)*. Tradução Luc Matheron. Edição não comercial destinada aos membros do Fórum do Campo Lacaniano, 2022.

LACAN, Jacques. *D'Écolage (1980)*. Tradução de Alessandra Rocha. Disponível em: <https://www.ebp.org.br/wp-content/uploads/2020/02/22DE%CC%81colage22-Jacques-Lacan.pdf>. Acesso em: 23 fev. 2023.

LACAN, Jacques. *Fondaments*. 1964, p. 114. Disponível em: <http://staferla.free.fr/S11/S11%20FONDEMENTS.pdf>. Acesso em 22 fev. 2023.

LACAN, Jacques. "Função e campo da fala e da linguagem em psicanálise", 1953. *In:* _____. *Escritos*. Tradução Vera Ribeiro. Rio de Janeiro: Zahar, 1998.

LACAN. Jacques. "Homenagem a Lewis Carroll". *In:* MILLER, Jacques Alain (Org.). *Ornicar?* Tradução André Telles. Rio de Janeiro: Jorge Zahar, 2004 [Campo Freudiano do Brasil].

LACAN, Jacques. "Joyce, o sintoma", 1975/1979. *In:* _____. *Outros escritos*. Tradução Vera Ribeiro. Rio de Janeiro: Zahar, 2003.

LACAN, Jacques. *Livro 27: Dissolução* (1980). Versão bilingue de Lacan em Pdf. Edição não comercial, Lacan.em.pdf, s/d.

LACAN, Jacques. *Nomes-do-Pai* (1963). Rio de Janeiro: Jorge Zahar, 2005.

LACAN, Jacques. "Observações sobre o relatório de Daniel Lagache", 1966. *In*: _____. *Escritos*. Tradução Vera Ribeiro. Rio de Janeiro: Zahar, 1998, p. 684.

LACAN, Jacques. "O estádio do espelho como formador da função do eu", 1949. *In*: _____. *Escritos*. Tradução de Vera Ribeiro. Jorge Zahar Editor: Rio de Janeiro, 1998.

LACAN, Jacques. *O Seminário, livro 1*: os escritos técnicos de Freud, 1953-1954. Texto estabelecido por Jacques-Alain Miller. Rio de Janeiro: Zahar, 2009.

LACAN, Jacques. *O Seminário, livro 3*: as psicoses, 1955-1956. Texto estabelecido por Jacques-Alain Miller. Rio de Janeiro: Zahar, 1988.

LACAN, Jacques. *O Seminário, livro 5*: as formações do inconsciente, 1957-1958. Texto estabelecido por Jacques-Alain Miller. Rio de Janeiro: Zahar, 2020.

LACAN, Jacques. *O Seminário, livro 9:* a identificação, 1961-1962. Publicação não Comercial, Centro de Estudos Freudianos do Recife, 2003.

LACAN, Jacques. *O Seminário, livro 10*: a angústia, 1962-1963. Texto estabelecido por Jacques-Alain Miller. Rio de Janeiro, Zahar, 2005.

LACAN, Jacques. *O Seminário, livro 11*: os quatro conceitos fundamentais da psicanálise, 1964. Texto estabelecido por Jacques-Alain Miller. Rio de Janeiro: Zahar, 1985.

LACAN, Jacques. *O Seminário, livro 12*: problemas cruciais para a psicanálise, 1964-1965. Publicação interna do CEF (Centro Freudiano do Recife), 2006.

LACAN, Jacques. *O Seminário, livro 13*: o objeto da psicanálise, 1965-1966. Publicação não Comercial, Centro de Estudos Freudianos do Recife, 2018.

LACAN, Jacques. *O Seminário, livro 14*: A lógica do fantasma (1977-1967) [Inédito]. Editado pelo Centro de Estudos Freudianos do Recife. Recife: CEFR, 2008.

LACAN, Jacques. *O Seminário, livro 16*: de um Outro ao outro (1968-1969). Texto estabelecido por Jacques-Alain Miller. Rio de Janeiro: Zahar, 2006.

LACAN, Jacques. *O Seminário, livro 17*: O avesso da psicanálise, 1969-1970. Texto estabelecido por Jacques-Alain Miller. Rio de Janeiro: Zahar, 1992.

LACAN, Jacques. *O Seminário, livro 20*: Mais ainda, 1972-1973. Texto estabelecido por Jacques-Alain Miller. Rio de Janeiro: Zahar, 1985.

LACAN, Jacques. *O Seminário, livro 23:* o Sinthoma. (1975-1976) Texto estabelecido por Jacques Allain-Miller. Tradução Sergio Laia. Rio de Janeiro: Zahar, 2007.

LACAN, Jacques. *O Seminário, livro 24*: L'insu que sait de l'une bévue s'aile à mourre. (1976-1977). Edição e tradução Grupo Heresia para circulação interna, 2022.

LACAN, Jacques. *O Seminário, 25: Le moment de conclure.* Staferla, 1977-1978, p. 16. Disponível em: <http://staferla.free.fr/S25/S25.pdf>. Acesso em: 23 fev. 2023.

LACAN, Jacques. *Os não-tolos erram/Os nomes do pai*: seminário entre 1973-1974 [livro 21] [recurso eletrônico]. Tradução e organização de Frederico Denez e Gustavo Capobianco Volaco. Porto Alegre, RS: Editora Fi, 2018.

LACAN, Jacques. "O tempo lógico e a asserção da certeza antecipada", 1945. *In*: _____. *Escritos*. Tradução Vera Ribeiro. Rio de Janeiro: Zahar, 1998.

LACAN, Jacques. "Posição do Inconsciente", 1960[1964]. *In*: _____. *Escritos*. Tradução Vera Ribeiro. Rio de Janeiro: Zahar, 1998.

LACAN, Jacques. "Primeira versão da Proposição de 9 de outubro de 1967 sobre o psicanalista da Escola". *In*: _____. *Outros Escritos*. Tradução Vera Ribeiro. Rio de Janeiro: Zahar, 2003.

LACAN, Jacques. "Proposição de 9 de outubro de 1967 sobre o psicanalista da Escola". *In*: _____. *Outros Escritos*. Tradução Vera Ribeiro. Rio de Janeiro: Zahar, 2003.

LACAN, Jacques. *R.S.I. O Seminário 22 (1974/1975)* [versão lacanempdf, inédito]. s/a.

LACAN, Jacques. *R.S.I. O Seminário, 22 (1974-1975)*. Edição não comercial destinada aos membros da Escola de Psicanálise dos Fóruns do Campo Lacaniano, 2022.

LACAN, Jacques. *R.S.I. (1974-1975)*. Disponível em: http://staferla.free.fr/S22/S22%20R.S.I..pdf.

LACAN, Jacques. "Situação da psicanálise em 1956", 1956. *In:* _____. *Escritos*. Tradução de Vera Ribeiro. Jorge Zahar Editor: Rio de Janeiro, 1998.

LACAN, Jacques. "Talvez em Vincennes...", 1975. *In:* _____. *Outros escritos*. Tradução Vera Ribeiro. Rio de Janeiro: Zahar, 2003.

MANGIA SILVA, L. C. A. "Dáfnis e Cloé, de Longo de Lesbos — Livro Primeiro". *Rónai — Revista De Estudos Clássicos E Tradutórios*, n.7, v. 1, 2019, pp. 159-178. Disponível em: <https://doi.org/10.34019/2318-3446.2019.v7.25818>. Acesso em: 23 fev. 2023.

MANGIA SILVA, L. C. A. "Dáfnis e Cloé, de Longo de Lesbos — Livro segundo: tradução e comentário: The Greek novel Daphnis and Chloe: a Portuguese translation of the second part with commentary". *Rónai — Revista De Estudos Clássicos E Tradutórios*, n. 8, v. 2, 2020, pp. 116-142. Disponível em: <https://doi.org/10.34019/2318-3446.2020.v8.30665>. Acesso em: 23 fev. 2023.

MANNONI, Octave. "Eu sei, mas mesmo assim". *In:* _____. *Chaves para o imaginário*. Tradução de Ligia Maria Pondé Vassalo. Editora Vozes: Petrópolis, 1973.

MENNECIER, Philippe. *Le tunumiisut, dialecte inuit du Groenland oriental: description et Analyse*. CNRS, Société de Linguistique de Paris, Klincksieck, 1995.

MILLER, Jacques-Allain. *Matemas 1*. Tradução de Sérgio Laia. Rio de Janeiro: Jorge Zahar, 1996.

MILLER, Jacques-Allain. "A Sutura. Elementos da lógica do significante". *Cahiers pous l'analúse*, n. 1, 1965. *In:* COELHO, Eduardo Prado (Org.). *Estruturalismo*: antologia de texto teóricos. Lisboa: Portugália Editora, 1968, pp. 211-225.

PIRKÊ AVOT: Ética dos Pais. Rabino Moshe bem Maimon. Tradução Alice Frank. Comentado por Maimônides. São Paulo: Maayanot, 2014, p. 122.

PORGE, Eric. *Psicanálise e tempo:* o tempo lógico de Lacan. Tradução de Dulce Duque Estrada. Rio de Janeiro: Campo Matêmíco, 1994.

PRIA, Albano Dalla. *"Tipologia linguística: línguas analíticas e línguas sintéticas". SOLETRAS.* São Gonçalo: UERJ, ano VI, n. 11, jan./jun. 2006.

REES, John Rawlings. *The Shaping of Psychiatry by War.* London: Chapman and Hall, 1945.

RUSSEL, B. *Os problemas da Filosofia.* Tradução de Jaimir Conte. Home University Library, 1912. Disponível em: <https://conte.prof.ufsc.br/txt-russell.pdf>. Acesso em: 23 fev. 2023.

SALLES, Alexsander de Souza Netto. *O nascimento da Parrhesía e o processo de laicização da Polís grega: Uma análise a partir das tragédias de Eurípides.* Dissertação de Mestrado, Universidade Federal Fluminense (U.F.F.): Niterói, 2020.

SAUSSURE, Ferdinand de. *Curso de linguística geral.* Tradução de Antônio Chelinii, José Paulo Paes, Izidoro Blikstein. São Paulo: Cultrix, 2006.

TANCHUMA, Midrash. *Townsend 1989 translation of Midrash Tanhuma. S. Buber Recension.* Edited and supplemented by R. Francis Nataf. Versão de 1989, shlach 14. Disponível em: <https://www.sefaria.org/Midrash_Tanchuma>. Acesso em: 23 fev. 2023.

WASSERMAN, Adolpho. *A torá viva:* O Pentateuco anotado pelo rabino Aryeh Kaplan. São Paulo: Maayanot, 2013.

YITSCHAK, Rabi Shlomo. *Torá Rashi*: Sefer Bereshit: Gênese. Comentários de Rashi, traduzido e anotado por Yaacov Nurkin com Haftarot Trazudidas e Targum Onkelos. São Paulo: Mayaanot, 2018.

VALERA, Juan. *Dafnis y Cloe, O Las Pastorales de Longo.* Rastro Books, 2019.

VIVES, Jean-Michel. *A voz no divã.* Traduzido por Mário Sagayama. São Paulo: Aller, 2020.